古典文獻研究輯刊

三四編

潘美月・杜潔祥 主編

第 25 冊

陳景雲《文選舉正》疏證
（第四冊）

范志新 著

國家圖書館出版品預行編目資料

陳景雲《文選舉正》疏證（第四冊）／范志新 著 -- 初版 --
新北市：花木蘭文化事業有限公司，2022〔民111〕
目 2+202 面；19×26 公分
（古典文獻研究輯刊 三四編；第 25 冊）
ISBN 978-986-518-880-1（精裝）
1.CST：文選舉正 2.CST：文選學 3.CST：文學評論
011.08   110022685

ISBN-978-986-518-880-1

9 789865 188801

古典文獻研究輯刊
三四編 第二五冊   ISBN：978-986-518-880-1

陳景雲《文選舉正》疏證（第四冊）

作　　者 范志新
主　　編 潘美月、杜潔祥
總 編 輯 杜潔祥
副總編輯 楊嘉樂
編輯主任 許郁翎
編　　輯 張雅淋、潘玟靜、劉子瑄　美術編輯　陳逸婷
出　　版 花木蘭文化事業有限公司
發 行 人 高小娟
聯絡地址 235 新北市中和區中安街七二號十三樓
　　　　 電話：02-2923-1455 ／傳真：02-2923-1452
網　　址 http://www.huamulan.tw 信箱 service@huamulans.com
印　　刷 普羅文化出版廣告事業
初　　版 2022 年 3 月
定　　價 三四編 51 冊（精裝）台幣 130,000 元

陳景雲《文選舉正》疏證
（第四冊）

范志新　著

目

次

第四冊

文選卷十八 ···················· 611

　長笛賦一首　馬季長 ···················· 611

　琴賦一首　嵇叔夜 ···················· 642

　笙賦一首　潘安仁 ···················· 660

　嘯賦一首　成公子安 ···················· 667

文選卷十九 ···················· 675

　高唐賦一首　宋玉 ···················· 676

　神女賦一首　宋玉 ···················· 690

　登徒子好色賦一首　宋玉 ···················· 697

　洛神賦一首　曹子建 ···················· 698

　補亡詩六首　束廣微 ···················· 704

　述祖德詩二首　謝靈運 ···················· 710

　諷諫詩一首　韋孟 ···················· 713

　勵志詩一首　張茂先 ···················· 720

文選卷二十 ···················· 725

　上責躬應詔詩表　曹子建 ···················· 725

　責躬詩一首 ···················· 726

應詔詩一首 ……………………………………… 733

關中詩一首　潘安仁 ……………………………… 736

公讌詩一首　劉公幹 ……………………………… 743

皇太子宴玄圃宣猷堂有令賦詩一首　陸士衡…… 744

大將軍宴會被名作詩一首　陸士龍 ……………… 746

晉武帝華林園集詩一首　應吉甫 ………………… 747

九日從宋公戲馬臺集送孔令詩一首　謝宣遠…… 748

樂遊應詔詩一首　范蔚宗 ………………………… 750

九日從宋公戲馬臺集送孔令詩一首　謝靈運…… 751

應詔讌曲水作詩一首　顏延年 …………………… 752

皇太子釋奠會作詩一首　顏延年 ………………… 758

侍宴樂遊苑送張徐州應詔詩一首　丘希範…… 762

應詔樂遊苑餞呂僧珍詩一首　沈休文 …………… 764

送應氏詩二首　曹子建 …………………………… 764

征西官屬送於陟陽候作詩一首　孫子荊 ………… 766

金谷集作詩一首　潘安仁 ………………………… 766

王撫軍庾西陽集別時為豫章太守庾被徵還東

一首　謝宣遠 …………………………………… 769

鄰里相送方山詩一首　謝靈運 …………………… 770

新亭渚別范零陵詩一首　謝玄暉 ………………… 771

別范安成詩一首　沈休文 ………………………… 774

文選卷二十一 …………………………………… 775

詠史詩一首　王仲宣 ……………………………… 775

詠史詩八首　左太沖 ……………………………… 776

詠史詩一首　張景陽 ……………………………… 781

覽古詩一首　盧子諒 ……………………………… 782

張子房詩一首　謝宣遠 …………………………… 784

秋胡詩一首　顏延年 ……………………………… 789

五君詠五首　顏延年 ……………………………… 792

詠霍將軍北伐詩一首　虞子陽 …………………… 798

百一詩一首　應休璉 ……………………………… 799

遊仙詩一首　何敬（宗）〔祖〕 ……………… 803

遊仙詩七首　郭景純 ……………………………… 805

文選卷十八

長笛賦一首　　馬季長

又性好音律，鼓琴吹笛

【陳校】

「又性好音律」。「律」，善本作「能」、無「律」字。五臣本有之。

【集說】

余氏《音義》曰：「律」字，善本無。

孫氏《考異》曰：「律」，善本作「能」。

梁氏《旁證》曰：六臣本「音」下有「律」字。《初學記》十六所引與此同。毛本亦有「律」字。

姚氏《筆記》曰：「律」，何改「能」，云：「五臣作律。」

許氏《筆記》曰：《賦》語「又性好音律，鼓琴吹笛」，李原本「好音」絕句，「律」字作「能」，屬下讀。當從原本。嘉德案：茶陵本「律」作「能」，不誤，今正。

【疏證】

尤本「律」作「能」。五臣正德本、陳本作「律能」。奎本以下諸六臣合注本悉作「律能」，校云：善無「律」字。謹案：尤氏《考異》曰：「五臣有律字。」《初學記》卷十六「後漢馬融《長笛賦》」注作「音能」，同尤本。《太平

御覽》卷五百八十同毛本；卷二百五十三「音」下則作「樂能」。《藝文類聚》卷四十四、《記纂淵海》卷七十八並作「律能」，《北堂書鈔》卷七十七「馬融博覽」注引同。五臣或從類書以求異善本。毛本此從六臣而誤去「能」留「律」。陳、何校蓋據尤本、類書等正之。

而為督郵　注：韋昭《釋名》曰：督郵，主諸縣罰，負殿糾攝之也。辨位曰：督郵，書掾者。郵，過也。此官不自造書，主督上官所下、所過之書也。

【陳校】

　　注「辨位曰」。「曰」下，有「言」字。

【集說】

　　余氏《音義》曰：「韋昭《釋名》」。何「昭」下增「辨」字、「辨位」下增「言」字。

　　胡氏《考異》曰：注「辨位曰」下至「所下所過之書也」。袁本、茶陵本無此二十九字。

　　梁氏《旁證》曰：何校「昭」下增「辨」字，「位」下增「言」字。姜氏皋曰：「《太平御覽》（三）〔二〕百五十三引此，『罰』字下有『以』字，『負』字下有『督郵』二字，『殿』字作『殷』字。畢氏沅采入《釋名補遺》，以為『此條謬舛特甚，文義殊不可解。他書又皆未引及，無從校正。』是未有以《選》注證之者。《廣韻·十八尤》亦引，『負』字下有『郵』字，餘同。而段氏玉裁《廣韻》校本以為『今《釋名》無此語，或古本有之。』是未知韋昭有補《職官》之缺也。」

【疏證】

　　尤本注「督」上有「言」字，餘同。奎本以下諸六臣合注本無「辨位」以下八字。謹案：校勘本條之關鍵在考明韋昭《釋名辯》之內容、體例，及與劉熙《釋名》之關係。韋《辯》與劉《釋》並載《隋書·經籍志一》：「《釋名》八卷，劉熙撰。《辯釋名》一卷。韋昭撰。」《新唐書·藝文志》同。然韋《辯》久逸。今日祇能從經書、史志、目錄、類書以及《選》注等歷史文獻，探其大概。檢《吳志·韋曜傳》：「曜（昭，史諱晉改「曜」）字弘嗣。吳郡雲陽人也。……曜因獄吏上辭曰：……又見劉熙所作《釋名》，信多佳者，然物類眾多，難得

詳究，故時有得失，而爵位之事又有非是。愚以官爵今之所急，不宜乖誤。因自忘至微，又作《官職訓》及《辯釋名》各一卷，欲表上之」云云。復檢《四庫提要・小學類一・訓詁之屬》「《釋名》」云：「《釋名》八卷。漢劉熙撰。……其書二十篇。以同聲相諧，推論稱名辨物之意。吳韋昭嘗作《辨釋名》一卷，糾熙之誤。其書不傳。然如《經典釋文》引其一條曰：「《釋名》云：『古者，車音如居，所以居人也。今曰車音尺遮反，舍也。』韋昭云：『車，古皆音尺奢反，後漢以來始有居音。』」綜合《昭傳》、《提要》可知韋《辯》本為糾補劉《釋》而作。楊慎《丹鉛總錄》卷十六《官爵類》：「劉熙《釋名》曰：『尚書者，何也？尚，上也。言最在上總領之也。韋昭《辯釋名》云：『尚，猶奉也。百官言事，當省案平處奉之，故曰尚書也。』慎按《春秋傳》曰：『百官承事，朝而不夕。』承事者，言事而奉其文書也。漢世官名尚書，義實取此……尚，猶承也。尚，猶奉也。韋昭之解，上合《左傳》，下協漢制。比於劉熙依字音杜撰，遠矣。」又可知韋《辯》於劉《釋》之價值。至於韋《辯》之體例，則仰賴于考索類書、經傳注疏、《選》注、學者著錄等文獻矣。韋《辯》一書體例，當是每條考辯，首冠韋書全稱，次引劉氏《釋名》，末始為韋事辨證。分別冠以「韋昭《辯釋名》」、「釋名云（省作釋云）」、「（韋）辯云（省作辯、辯云）」。如：《太平御覽》卷二百五十三：「韋昭《辯釋名》曰：釋云：『督郵，主諸縣罰。以負督（郵）（殷）〔殿〕糾攝之也。』」「釋云」，是「《釋名》云」之省文。《廣韻・十八尤》及《五音集韻・八尤》「郵」字下並云：「亦督郵。古官號。《釋名》曰：『督郵，主諸縣罰，負（郵）殿糾攝之。』」二家韻書並作《釋名》，用的是韋引劉書全稱。清人或以此處「釋名」乃是韋氏《辯釋名》外，別撰有《釋名》，且坐實即《吳志・韋傳》之「《官職訓》」，此說非是。蓋有陸德明《經典釋文》可證。《經典釋文》卷四《尚書音義下・牧誓》『戎車』云：「車，音居。《釋名》云：『古者聲如居，所以居人也。今曰車聲近舍，車舍也。』韋昭《辯釋名》云：『古皆尺遮反，後漢始有音居。』」顯而可見，「《釋名》」，即是劉作，陸絕不會援韋正韋。上引楊慎比較韋劉二家時，亦云：『然如《經典釋文》引其一條曰：「《釋名》云：『古者，車音如居，所以居人也。今曰車音尺遮反，舍也。』韋昭云：『車，古皆音尺奢反，後漢以來始有居音。』亦同陸言。復如：《太平御覽》卷二百一十二亦存《韋辯・尚書》逸文一條：「韋昭《辯釋名》曰：『尚，上也。言最在上總領之也。』辯云：『尚，猶奉也。百官言事，當省案平處奉之，故曰尚書。』」與上楊慎所引韋書內容

全同，然兩相比照，可發現冠名形式有差異：楊移《御覽》居首『韋昭《辯釋名》』替代『尚，猶奉也』上之「辯」；而以「劉熙《釋名》」冠「尚，上也」之上。坐實「尚，上也」十一字，確係韋引劉釋。楊氏認識與陸氏一脈相承。由陸、楊二家，可悟上《御覽》「督郵」條是節引韋書，乃是取韋援劉釋而舍去「辯」、「辯云」以下的韋辯。《藝文類聚》卷四十七錄「韋昭《辯釋名》曰：『祭酒者，謂祭六神以酒醊之也。』辯云：『凡會同饗讌必尊長先用，先用必以酒祭先，故曰祭酒。漢時，吳王年長，以為劉氏祭酒是也。』」亦可以上例類推：「祭酒者」上省去了「釋云」，「祭酒者」以下十二字，是韋氏引劉釋，「辯云」以下，方係韋辯。倘認同韋辯此體例，再結合本條善注，便可進而總結出韋書之經典程式。經典之關鍵在乎本條善注之「辨位」何釋？考《周禮・夏官・大司馬》：「設儀辨位，以等邦國。」鄭玄注：「辨，別也。別尊卑之位。」同書《天官・大宰》云「四曰祿位，以馭其士。」鄭玄注：「位，爵次也。」可見「辨位」，即是辨別爵次，也即《韋昭傳》中之「爵位之事」。即是韋辯在援引劉釋官職之後，對劉釋之糾補。究其實即是「辯云」、「辯」。此乃李善獨存韋《辯》之真貌。故王應麟《玉海》卷四十四：引「劉熙《釋名》八卷。韋昭《辨釋名》一卷。」於韋書下注云：「《尚書釋文》引之。《選》注引韋昭《釋名、辨位》。」並列「辨位」與「釋名」。視「辨位」為韋書之靈魂，此蓋得諸善注。現在可以結論：韋書之經典程式是：「韋昭《辯釋名》曰：《釋名》云：……《辯位》云：……。」循此程式，以驗尤、二毛本，則注「昭」字下，當補「辯」字。上「督郵」上可補「釋名云」、或「釋云」，亦可不補。「辨位」字，當存韋書之真。「辨位曰」以下八字不可無，又，陳、何欲據尤本，補「言」字，不可從。庶幾為得本條之實焉。

有雒客舍逆旅　注：《左氏傳》：荀息曰：今虢為不道，保為逆旅。

【陳校】

　　注「保為逆旅」。「為」，作「於」。

【疏證】

　　尤本同。奎本、明州本、建本作「於」。贛本作「于」。謹案：《左傳》，見《僖公二年》，正作「於」，《太平御覽》卷一百九十五、卷三百三、《冊府元龜》卷二百四十八引、本書應休璉《與滿公琰書》「毛公受眷於逆旅」注引並

同。尤本傳寫承上而誤，毛本誤從尤本。陳校當依《左傳》、本書內證、建本等正之。

特箭槀而莖立兮，獨聆風於極危　注：箭槀，二竹名也。言似二竹或生而莖立，或生於極危。……鄭玄《周禮》注曰：箭幹謂之槀。《尚書》曰：惟箘簬楛。鄭玄曰：箘簬，聆風也。《蒼頡篇》曰：聆，聽也。

【陳校】

注「言似」。「似」，舊作「此」。

【集說】

胡氏《考異》曰：注「箭槀，二竹名也」。袁本、茶陵本無此六字。案：善以「箭槀」為一竹，下注云「二竹」者，並「聆風」數之。增多，大誤。又曰：注「言似二竹」，茶陵本「似」作「此」，是也。袁本亦誤「似」。又曰：注「《蒼頡篇》曰：聆，聽也。」袁本、茶陵本無「《蒼頡篇》曰」四字、「聽」作「風」。案：二本最是。韋昭注《地理志》「箘簬」亦云：「一名聆風。」見《尚書釋文》。與鄭注正合。尤增多及改，皆大誤。

張氏《膠言》曰：注「箭槀，二竹名」。胡中丞云：「善以箭槀為一竹。二竹，並『聆風』數之。尤延之增多，大誤。」雲璈按：注明云「或生而莖立」，釋「箭槀」也；「或生於極危」，釋「聆風」也。安得以「箭槀」為二竹？其為誤增無疑。

梁氏《旁證》曰：六臣本無「箭槀」以下六字，「似」作「此」。胡公《考異》曰：「六臣本是也。善以箭槀為一竹，下注云二竹者，並『聆風』數之也。」

胡氏《箋證》曰：按：「箭槀，二竹名」與下引《周禮》注不相應，書亦無以「槀」為竹名者，六臣本無此六字。《考異》曰：「六臣本是也。善以箭槀為一竹，下注二竹，並『聆風』數之也。韋昭《地理志注》：『箘簬，一名聆風。』見《尚書釋文》。與此注所引鄭注正合。」

【疏證】

尤本作「此」、有「箭槀」六字。奎本以下諸六臣合注本作「此」，無「箭槀」六字。謹案：前胡說是。因善倘以「箭槀」為二竹，則下句「獨聆風於極危」，「獨」字無着落。惟以「聆風」亦為竹，始得當此「獨」字爾。至於何以明「聆風」為竹，前胡《考異》以《尚書釋文》引韋昭注《地理志》「箘簬」

云「一名聆風」，證與此處鄭注「籟籟，聆風也」正合為據。考證確鑿，足可信從也。毛本從尤本衍六字，復誤作「似」，陳校當據六臣合注本正之也。

感廻飆而將頹　注：《爾雅》曰：飆颷，謂之猋。猋，與飆同。

【陳校】

注「飆颷」。「飆」，作「颰」。

【疏證】

奎本以下諸六臣合注本並同。尤本作「颰」。謹案：《爾雅》，見《風雨疏》篇，作「扶搖」。《玉篇·風部》：「颰，風自上下為之颰颷也。」《龍龕手鏡·風部》：「颰，今音扶。颰。大風也」，又《集韻·虞韻》：「颰，大風也。通作扶」。然則，「颰」與「颰」同，「颰颷」，即「扶搖」。毛本誤從六臣合注本，陳校蓋從《爾雅》、尤本等正之。

重巘增石　注：《爾雅》曰：重巘，陳。郭璞曰：謂山形如累巘。巘曰甗。山狀似之，因以名也。

【陳校】

「巘」，當作「甗」。注並同。

【集說】

顧按：「巘」，即「甗」字，見《詩》釋文。

胡氏《考異》曰：注「郭璞曰」下至「因以名也」。袁本、茶陵本無此二十字。

梁氏《旁證》曰：朱氏珔曰：「案：郭本《爾雅》作甗，故有『甗甑』之說。《玉篇》引作巘，此注及本書《晚出射堂詩》注引俱作巘。當是古本《爾雅》作巘也。但引郭注字作巘，則『巘曰甗』之語，不可通。」

姚氏《筆記》曰：「巘曰甗」。「巘」，改「甗」。

朱氏《集釋》曰：案：「今《爾雅》巘作甗，《玉篇》引作巘；本書《晚出射堂詩》注引亦作巘；《詩·公劉》：『陟則在巘』；當是古本《爾雅》作巘也。郝氏謂：『孫、郭本作甗，因而望文生訓，始有甗甑之說。然前《南都賦》亦云：坂坻巉嶬而成甗，似甗與巘本通用。』此處既引郭注而字作巘，則巘曰甗之語，不可通也。」

【疏證】

尤本並注同，奎本以下諸六臣合注本作「巘」。注同，並無「郭璞曰」下二十字。謹案：毛本仍尤本，俱衍此二十字。檢《玉篇·山部》：「巘：《爾雅》曰：重巘，陳。謂山形如累兩甒兒。」竊以為：本條當合參朱氏、前胡兩家說。《爾雅》古本作「巘」。上三字，《爾雅》以「重巘」釋「陳」。下八字，郭注以「累兩甒」，解「重巘」語。後人誤以郭注改《爾雅》正文，遂有「孫、郭本作甗」。習譌成是，複有「似甗與巘本通用」之說。（顧批，見《毛詩注疏·大雅·公劉》「陟則在巘」音義：「巘，本又作甗」。《說文通訓定聲·乾部》亦云：「甗，字亦作巘。」）善與五臣實皆作「巘」。注引《爾雅》、本書《晚出射堂詩》注及《南都賦》注「《詩》傳曰：巘，小山別大山也」，並可證。五臣作「巘」，則本條翰注、《南都賦》銑注可證。五臣正德本、陳本正作「巘」。故上策當從前胡依六臣合注本去二十字。下策當去「巘曰甒」三字。朱氏云「此處既引郭注而字作巘，則巘曰甒之語，不可通也。」是也。總而言之，無論從衍文說，抑或從「甗與巘本通」而言，陳校皆不可改「巘」為「甗」。

兀婁猭薳 注：婁，方于切。

【陳校】

注「方于切」。「方」，當作「力」。

【疏證】

奎本以下諸六臣合注本、尤本悉作「力」。謹案：《集韻·噳韻》：「嶁，或書作婁。」

《廣韻》：「婁，力主切。」音與「力于切」同。聲紐可為陳校助證。此毛本獨因「方」、「力」形近而誤。陳校當從尤本等正之。

爭湍苹縈 注：許慎《淮南子注》曰：苹縈，迴旋之貌。

【陳校】

「爭湍苹縈。」「苹」，「苹」誤。

【疏證】

諸《文選》本咸作「苹」，奎本以下諸六臣合注本、尤本注同。謹案：此毛本獨因形近而誤，陳校當從尤本等正之。

動杌其根者　注：張揖注《漢書·上林賦》曰：杌，傜也。……至，到也。

【陳校】

　　注「傜也」。「傜」，「搖」誤。

【集說】

　　胡氏《考異》曰：注「張揖注《漢書》」下至「至，到也」，袁本、茶陵本無此十八字。

【疏證】

　　尤本作「搖」。奎本以下諸六臣合注本並無此十八字。謹案：本書張平子《南都賦》「楈枒栟櫚」注亦引「張揖注《上林賦》曰」云云。當即張氏《漢書注》。《史記·司馬相如列傳》「揚翠葉，杌紫莖」《集解》引「郭璞曰：杌，搖也。」亦可佐證當作「搖」。毛本從尤本而偶譌。陳校當據《史》、《漢》、尤本等正之。

號鍾高調　注：《博物志》曰：藍脇、號鍾，善琴名。

【陳校】

　　注「藍脇」。「藍」，「鑑」誤。

【集說】

　　余氏《音義》曰：「藍脇」，何改「鑑脅」。

　　胡氏《考異》曰：注「《博物志》曰：鑑脅」。袁本、茶陵本無此六字。

　　朱氏《集釋》曰：案：《廣雅》說琴有「藍脅號鍾。」王氏《疏證》謂：「《淮南·修武訓》云：鼓琴者期於鳴廉、脩營，而不期於濫脅、號鍾。是二者為古琴之名。濫，與藍同。又《初學記》引《纂要》及《太平御覽》引《大周正樂》，俱有藍協、號鍾。《宋書·樂志》云：齊桓曰號鍾。」余謂：齊桓之「號鍾」，先見於傅玄《琴賦序》，而洪興祖《楚辭補注》引《軒轅本紀》云：「皇帝之琴名號鍾」，則不始於齊桓矣。注中「鑑」字當為「濫」之誤。胡氏《考異》謂「袁本、茶陵本無《博物志》曰：鑑脅六字。」則尤本所增也。

　　許氏《筆記》曰：「藍」，何改「鑑」。

【疏證】

　　尤本作「鑑脅」。奎本以下諸六臣合注本悉無「《博物志》曰鑑脅」六字。謹案：毛本有此六字且獨作「藍」字，不誤。《初學記》引梁元帝《纂要》：「古琴有鳴廉籃脅」又作「籃」。「藍」、「籃」並與「濫」同。陳、何據尤本改作「鑑」，反誤矣。胡氏《考異》謂：「袁本、茶陵本無六字」，尤本當據別本補也。

於是放臣逐子　注：《琴操》曰：……（後妻）曰：見妾有美色，然有欲心。……射殺後妻。

【陳校】

　　注「有欲心」。「欲」，作「邪」。

【集說】

　　余氏《音義》曰：「伯奇」。六臣本善注：「《琴操》曰：『伯奇者，尹吉甫之子也。吉甫信後妻之言，疑其孝子伯奇，遂放逐之。伯奇自傷無罪，投河而死。』」《音義》又曰：「欲心」、「緣衣」。「欲」，何改「邪」、「緣」，改「綴」。

　　胡氏《考異》曰：注「《琴操》曰」下至「射殺後妻」，茶陵本此一百三十三字作「《琴操》曰：伯奇者，……投河而死。」是也。袁本無，非。

　　姚氏《筆記》曰：注「然有欲心」。「欲」，改「邪」。

【疏證】

　　尤本作「邪」。奎本、贛州本、建本有茶陵本「《琴操》曰」三十九字。明州本無。謹案：茶陵本蓋出建本。袁本蓋宗裴本。然則，明州本與裴本皆脫。尤本似取《太平御覽》踵事增華之。《御覽》卷五百十一引《琴操》曰：「尹吉甫，周卿也。子伯奇母早亡，吉甫更娶。後妻乃譖之於吉甫曰：『伯奇見妾美，欲有邪心。』吉甫曰：『伯奇慈仁，豈有此也？』妻曰：『置妾空房中，君登樓察之。』妻乃取毒蜂綴衣領，令伯奇掇之。於是吉甫大怒，放伯奇於野。宣王出遊，吉甫從之。伯奇作歌以感之。宣王聞之，曰：『此放子之辭也。』吉甫乃求伯奇而感悟，遂射殺其妻。」茲準《御覽》，尤本「然有欲心」，當作「欲有邪心」。陳、何改毛本亦未穩。此條可與下《洛神賦》尤有《感甄記》共證：尤本於善注凡事涉有小說意味者，每有取他本踵事增華之舉，然決非無中生

有，亦必有一定《文選》版本根据焉。

哀姜孝己　注：《左傳》曰：魯哀公夫人姜氏歸於齊。……魯人謂之哀姜。

【陳校】

注「魯哀公」。「哀」，當作「文」。

【集說】

胡氏《考異》曰：注「《左傳》曰：魯哀公」下至「魯人謂之哀姜」，茶陵本此四十字，作：「《左氏傳》曰：夫人姜氏歸於齊。將行哭而過市。魯人謂之哀姜」二十三字。是也。袁本無，非。

【疏證】

尤本同。奎本、贛本、建本有茶陵本二十三字。明州本無。謹案：事見《春秋左傳注疏・文公十八年》，作「夫人姜氏歸於齊」云。魏氏《五百家注昌黎文集・誰氏子》詩「載送還家哭穿市」注引「《左傳》曰：『文公夫人姜氏，……不得立歸于齊。哭而過市……魯人謂之哀姜』」云。五臣翰注亦作「魯文公夫人」，不誤。注蓋涉正文「哀姜」字而譌。毛本當誤從尤本，陳校當據《左傳》等正之。

嚭嘆頮息　注：《楚辭》曰：呼增歎兮如雷。

【陳校】

注「呼增歎兮如雷。」「呼」，「吒」誤。

【集說】

余氏《音義》曰：「呼增歎」。「呼」，何改「吒」。

【疏證】

奎本以下諸六臣合注本、尤本悉作「吒」。謹案：《楚辭》見《九思・怨上》，正作「吒」。本書郭景純《遊仙詩（六龍）》「撫心獨悲吒」注、張平子《四愁詩（四思）》「路遠莫致倚增歎」注引並同。陳、何蓋依《楚辭》、本書內證及尤本等正之。

於是乃使魯般、宋翟 注：《淮南子》曰：魯般……為大鳶而飛。《論衡》曰：魯班玄木為鳶。飛三日，不下。

【陳校】

注「為大鳶」。「大」，「木」誤。「玄木」。「玄」，「刻」誤。

【集說】

余氏《音義》曰：「大鳶」。「大」，何改「木」。

胡氏《考異》曰：注「刻木為鳶，飛三日不下。」袁本、茶陵本無此九字。

【疏證】

奎本以下諸六臣合注本、尤本作「木」。「玄木」，尤本作「刻」，奎本以下諸六臣合注本無「玄（刻）木」九字。謹案：《淮南子》，見《齊俗》篇，作「魯般、墨子以木為鳶而飛之」，字正作「木」。《古今事文類聚》前集卷三十六「魯般木機」引《淮南子》同，《列子·湯問》：「夫班輸雲梯，墨翟之飛鳶」注：「墨子作木鳶飛，三日不集」，亦同。《論衡》，見《儒增篇》篇，云：「魯般墨子之巧，刻木為鳶，飛之三日而不集」，正為「刻」。毛本從尤本，而二處並因形近而誤。陳、何改是。本條周鈔《舉正》「玄木」條居「為大鳶」條前，今已據注文乙正。

跋蘻縷 注：《上林賦》曰……顏監注：蔓生著地之處，皆生細根如相結，故名縷。今俗呼鼓箏草。而幼童對銜之，手鼓中央，則聲如箏，因以名。

【陳校】

注「而幼童」。「而」，「兩」誤。

【集說】

余氏《音義》曰：「而幼童」。「而」，何改「兩」。

胡氏《考異》曰：「顏監注」下至「因以名」。袁本、茶陵本無此四十二字。

姚氏《筆記》曰：「而幼童對銜之」。「而」，改「兩」。

【疏證】

尤本誤同。奎本以下諸六臣合注本悉無此四十二字。尤補當別有所本。謹案：顏注，見《漢書·司馬相如傳》注，正作「兩」。毛本當誤從尤本，陳、

何蓋據《漢書》顏注正之。

膺陷陁，腹陘阻 注：言以膺服於陷陁，而腹突於陘阻也。《淮南子》曰：岸陷者必陁。許慎曰：陷，峻也。陁，落也。《字林》曰：陁，小山也。《爾雅》曰：山絕陘。郭璞曰：連山中斷也。

【陳校】

注「小山也」。「山」，「崩」誤。

【集說】

胡氏《考異》曰：注「《字林》曰：陁，小崩也。」袁本、茶陵本無此七字。

王氏《讀書志餘》曰：李說「陁」、「陘」二字，皆失其義。《廣雅》曰：「陁，險也。」自注：《考工記》則於「馬終古登陁也」鄭注曰：「陁，阪也。」義亦相近。《上林賦》曰「巖陁甗錡，摧崣崛崎」，是「陁」為險貌也。《廣雅》又曰：「陘，坂也。」《孟子・盡心篇》：「山徑之蹊間介然」趙注：「山徑，山之領。」《法言・吾子篇》曰：「山逕之蹊，不可勝由矣。」徑、逕並與陘同。是陘為坂也。此言山坂險峻，伐竹者匍匐而上，故曰：「膺陷陁，腹陘阻。」陁，非「崩陁」之「陁」；「陘」亦非「連山中斷」之「陘」也。

姚氏《筆記》曰：注「陁小川也。」「川」，改「崩」。

胡氏《箋證》曰：王氏念孫曰「善說陁、陘字皆失其義」云云。紹煐按：「陷陁」與「阻陘」對，此特倒言之，以葉韻耳。謂膺峻阪、腹險領而上也。二句字異義同。陁，亦阪也。《周禮・考工記・總目》則於「馬終古登陁」、《輈人》「及其登陁」注並云「阪」。《廣雅》：「陁，衺也。」陁之言衺迤也，衺迤謂之陁，因而阪衺迤亦謂之陁。《廣雅》又曰：「陁，險也。」阪險峻故又謂之險。此當訓阪，不取險義，下句阻字正是險，嫌其義複故耳。然則，陁與陘皆阪也。謂膺峻阪、腹險領而上也。「腹阻陘」，猶云「膺陷陁」，二句字異意同。王氏解「陘」最精，而據《廣雅》以「陁」為「險」，猶未明析。

【疏證】

尤本作「崩」。奎本以下諸六臣合注本並無此七字。謹案：檢《說文・阜部》：「陁，小崩也。」本書《字林》釋字，多見同《說文》（如：下「掌距劫遷」條許氏說中，即有一例）。毛本之誤，可因所見尤本為「崩」之壞字。陳校當據尤本、《說文》等校之。後胡《箋證》引王念孫說，謂本條善說「陁」、

「陘」字，皆失其義。「陘」與「徑」同，皆「阪」也。後胡宗其說，以為「阤阤與阻陘對，此特倒言之，以葉韻耳。」復證「阤與陘皆阪」，以辨王氏以「阤」為「險」之「未明析」，其說或是。後胡仍王，而辨析深入，是善學王者。然奎本以下諸六臣合注本並無此七字，且「阤」一字，善注已引《淮南子》並許注釋之，善注無此七字可能較大，故要以前胡校為審慎。

挑截本末　注：鄭玄《毛詩箋》曰：挑之落之。

【陳校】

　注「挑之落之。」上「之」字，當作「枝」。

【集說】

　余氏《音義》曰：「挑之」。「之」，何改「支」。

【疏證】

　尤本作「支」。奎本、明州本作「支」。贛本、建本誤「之」。謹案：鄭《箋》，見《豳風·七月》，鄭云：「條桑枝落之，采其葉也。」是陳、何改「枝（支）」上，尚脫一「桑」字。尤本等亦脫。「支」與「枝」，為古今字。毛本當誤從建本等，形近而誤，陳校當從鄭《箋》正之。「條」，與「挑」通。《玉篇·手部》：「挑，撥也。《詩》曰：蠶月挑桑。」馬瑞辰《通釋》：「條乃挑之叚借」。

十二畢具，黃鍾為主　注：《呂氏春秋》曰：伶倫制十二簫，……故黃鍾宮律之本也。……《漢書·律曆志》曰：……黃帝使伶倫……取竹嶰谷主其厚薄均者，斷兩節間吹之。……故曰為主。

【陳校】

　注「十二簫」。「簫」，據《笙賦》注，俱當作「筩」。又「主其厚薄均者。」「主」，「生」誤。「其」下脫「竅」字，「薄」字衍。

【集說】

　胡氏《考異》曰：注「伶倫制十二簫」，陳云：「簫，當作筩，下同。」是也，各本皆誤。今案：所引《仲夏紀·古樂》文也。今作「筒」，即「筩」字。又曰：「《漢書·律曆志》曰」下至「故曰為主」。袁本、茶陵本無此八十八字。

　張氏《膠言》曰：注引「《呂氏春秋》曰：伶倫制十二簫。」胡中丞云：

「蕭，當作箾，下同。此陳校最是，各本皆誤。所引《仲夏紀・古樂》文也。今作筒，即箾字。」

梁氏《旁證》曰：今《呂氏春秋・古樂篇》及注「蕭」並作「箾」。本書丘希範《侍宴樂遊苑詩》注引亦作「箾」。《說苑・修文篇》、《風俗通・音聲篇》、《太平御覽・樂部》三引並作「管」。按：「箾」、「管」義均可通，惟「蕭」恐誤。

姚氏《筆記》曰：「生其厚薄均者。」「其」下增「竅」字。

【疏證】

尤本作「蕭」、「生」，脫「竅」字，衍「薄」字。奎本以下諸六臣合注本並作「蕭」，無「《漢書・律曆志》曰」以下八十八字。謹案：《呂覽》，見《仲夏紀・古樂》，正作「筒」、「生」，有「竅」，無「薄」字。本書潘安仁《笙賦》「越上箾而通下管」注、丘希範《侍宴樂遊苑送張徐州應詔詩》「馳道聞鳳吹」注引並作「箾」。《笙賦》並引《說文》曰：「箾，斷竹也。」梁氏言《說苑・修文篇》等引「作管。箾、管義均可通」，其說亦是，但觀《笙賦》語，「管」與「箾」相對為文，足可證矣。陳校當據本書內證、《呂覽》、尤本等正毛本之譌、脫、衍。

撟揉斤械　注：《蒼頡篇》曰：矯，正也。鄭玄《周禮注》曰：揉，謂以火撟也。

【陳校】

注「矯，正也。」「矯」，「撟」誤。

【集說】

胡氏《考異》曰：注「矯，正也」，又注「謂以火撟也」，陳云：「矯，撟誤。」案：上「矯」下「撟」，二字當互易。各本皆誤。今《考工記》注作「槁」，釋文云：「劉：苦老反。沈：居趙反。」蓋劉「槁」、沈「矯」，善引與沈讀同矣。

【疏證】

奎本、明州本、尤本、建本誤同。贛本上下並作「撟」。謹案：「《考工記》注」，見《周禮注疏・冬官考工記》，正如前胡說作「槁」。蓋上以「撟」云云，釋正文「撟」；下以「矯」云云，釋「揉」，前胡說，是也。毛本誤從尤本，陳

校當從贛本等正之，然知其一而不知其二也。此蓋未覈《考工記》也。此可略見前胡精審有勝於陳校。

食舉雍徹　注：食舉，謂進食於天子而記樂。……徹，去也。

【陳校】

　　注「天子而記樂」。「記」，「設」誤。

【集說】

　　胡氏《考異》曰：注「食舉」下至「徹去也」。袁本、茶陵本無此二十三字。

【疏證】

　　尤本作「設」。奎本以下諸六臣合注本並無「食舉」以下二十三字。謹案：《玉海》卷一百四「漢食舉樂」引，亦作「設」。尤本當別有所本，毛本從尤本而傳寫因形近有誤，陳校當從尤本等正之。

重丘宋灌　注：《漢書》曰：平原郡重丘縣。名師，有名師也。

【陳校】

　　注「平原郡重丘縣。」「重」上脫「有」字。

【疏證】

　　奎本、贛本、尤本、建本有「有」字。明州本省作「善同翰注」。謹案：《漢書》，見《地理志上》。按上下文義，「有」字當有，善釋下句，亦有「有」字。本書夏侯孝若《東方朔畫贊》「分厭次以為樂陵郡」注：「《漢書》平原郡有樂陵縣也」例同。毛本從尤本而傳寫誤脫，陳校當從尤本等補之。

掌距劫遻　注：《說文》曰：掌，柱也。

【陳校】

　　「掌距劫遻。」「掌」，「掌」誤。

【集說】

　　余氏《音義》曰：「掌」，善作「掌」。

　　胡氏《考異》曰：「掌距劫遻。」袁本、茶陵本「掌」下校語云：善作「掌」。案：二本所見，非。此尤校改正之也。

胡氏《箋證》曰：漢人「噹距」多作「掌距」。《周禮·考工記》「維角噹之」，鄭眾讀如「掌距」之「掌」。此以今字釋古字，與賦文合。

許氏《筆記》曰：「掌距」。「掌」，《說文》作「樘」，俗作「撐」。《廣韻》作「掌」。嘉德案：注引《說文》曰：「掌，柱也。」《靈光殿賦》注引亦作「掌」，皆「樘」之譌。說見《長門賦》條。袁氏、茶陵六臣本「掌」下云「善作掌」，尤誤。噹

【疏證】

尤本作「掌」。五臣正德本、陳本作「掌」。奎本以下諸六臣合注本同，有校云：善本作「掌」。謹案：五臣作作「掌」，良注可證。善本作「掌」，引《說文》已明示焉。六臣本校云善作「掌」者，皆由奎本首誤而起耳。檢《周禮·考工記·弓人》「維角噹之。」孫詒讓《正義》云：「《說文·止部》：『噹，距也』、『距，止也。』」噹，古本音堂，轉為直庚反，其字變掌、變樘、變撐……先鄭意弓隈撓曲……故以角噹距之，以輔其力也。」又檢《說文·木部》：「樘，衺柱也。從木，堂聲。□臣鉉等曰：□今俗別作撐，非是。□段注：□樘，柱也。各本樘上有衺字，今刪。樘字或作掌，或作撐，皆俗字耳。」又，《說文·止部》：「噹，距也。從止、尚聲。丑庚切。」段注：「大鄭曰：噹，讀如掌距之掌。掌距，即噹距之變體。」又曰：「今俗字噹作撐。」綜合段、孫二家說，可知：「樘」乃正字；「噹」係古字；「掌」、「撐」，「樘」並是「樘」之俗字耳。循此以律諸家說，可見二胡說並是也。嘉德所謂「說見《長門賦》條」，蓋指《筆記》「（離樓梧而）相撐」條，許氏曰：「《說文》樘，衺柱也。從木堂聲。徐曰：『今俗別作撐，非是。』」嘉德案：注引《字林》曰：「撐，柱也。」《靈光殿賦》、《長笛賦》李注引《說文》，皆曰：「掌，柱也。」掌即樘或體也……二許說亦得其要。毛本當誤從六臣合注本校語，陳校當據尤本、及善注引《說文》等正之。

正瀏漂以風洌　注：《漢書音義》孟康曰：瀏，清也。毛萇《詩傳》曰：漂，寒也。《說文》曰：洌，清也。瀏漂，清涼貌。洌，寒貌。

【陳校】

「漂」，「溧」誤。注同。

【集說】

孫氏《考異》曰：「正瀏溧以風洌。」「溧」誤「漂」。

胡氏《考異》曰：「正瀏溧以風冽。」袁本、茶陵本「溧」作「漂」，注同。案：此似尤改之也。又曰：「《漢書音義》」下至「冽，清也」，袁本、茶陵本無此二十四字。

梁氏《旁證》曰：「正瀏溧以風冽。」毛本「溧」作「漂」、「冽」作「洌」。段校「溧」，改「溧」。今《說文》「洌」上有「水」字。案：「冽」亦當作「洌」。《說文》：「溧洌，寒貌。」《詩》曰：「二之日，溧洌。」今《詩》雖作「栗烈」，然「洌彼下泉」疏引作「溧洌」。此賦注末有云「洌，寒貌」，則知注引《說文》：（冽）[洌]，清也，為誤矣。

胡氏《箋證》曰：《旁證》云：「毛本溧作漂、冽作洌……則知注引《說文》洌，清也，為誤矣。」紹煐按：本書《高唐賦》注引《字林》「洌，寒風也」，是字當作「洌」。《風部》「颲，列風也。颲，高風也。」「颲」與「瀏」通，注引《漢書音義》孟康曰：瀏，清也。亦非。

許氏《筆記》曰：「瀏漂」。「漂」，當作「溧」。嘉德案：六臣本亦作「漂」，同誤。

【疏證】

尤本作「溧」，注同。五臣正德本、陳本作「漂」，奎本以下諸六臣合注本同，善注無《漢書音義》下二十四字。謹案：毛萇《詩傳》作「寒也」者，惟見《毛詩注疏‧曹風‧下泉》：「洌彼下泉」傳：「洌，寒也。」作「洌」，與尤本注引作「溧」，不合。但《正義》曰：「《七月》云：二之日栗烈，字從冰，是遇寒之意，故為寒也」云云。此正是梁引「段校溧改溧」之由來。然竊以為：溧、溧，皆由「栗」得聲，字當得通，尤本從冫、段校從氵，並不誤。《晉書‧左貴嬪傳》：「因為《離思賦》曰：『日晻曖而無光兮，氣瀏（殿本作「懰」）慄以洌清』」，字作「慄」，是從「忄」亦得通也。然《七月》本作「栗」，字還以作「栗」為正。五臣作「漂」，翰注可證。毛本從之，蓋以五臣亂善，陳校當據善本正之，是。梁氏、後胡謂毛本「冽，亦當作洌」，則不必然。「冽」與「洌」並從「列」得聲，亦得相通其例正同溧、溧。《毛詩‧下泉》「洌彼下泉」，朱子《集傳》即作「冽」，便是明證。《旁證》、《箋證》誤矣。後胡云：「颲與瀏通」，其說是。栗與列，一聲之轉，故「瀏栗」與「颲洌」不僅同為雙聲聯緜辭，其義訓亦同。漢‧嚴遵《道德指歸論‧大成若缺篇》：「故陰之至也。地裂而冰凝。清風颲洌，霜雪嚴凝。」「清風颲洌」四字與尤本「瀏溧風冽」直是絲絲相扣，無義不合。可謂的證。「颲洌」即「瀏溧」、「洌風」即「清

風」，無非「寒風清涼」之義，故梁氏、後胡以注引「孟康注：瀏，清也」為誤，亦非也（上引左氏《離思賦》「瀏慄以洌清」亦可為佐證），而「《漢書音義》」下二十四字，亦因此可判定，非出他人，必出李善手也。

中息更裝　注：許慎《淮南子注》曰：裝，束也。調更裝而奏之。

【陳校】

　　注「調更裝而奏之」。「調」，「謂」誤。

【集說】

　　王氏《讀書志餘》曰：李善曰「許慎《淮南子注》曰」云云，李周翰曰：「此吹笛聲也。而言更裝者，謂中道息聲，更調理而吹之，亦如人之將裝結而出也。」念孫案：二李說「更裝」二字，皆不得其解而為之辭。裝，讀為壯。壯，盛也。言笛聲中息而復盛也。壯字古讀若莊，故與「裝」通。自注：《楚辭·遠游》「醇粹而始壯」，與行、鄉、陽、英、放為韻。放，讀若「方」。《莊子·在宥篇》「物將自壯」，與藏為韻。《晉語》「趙簡子問於壯馳茲」，舊音曰「壯，音莊」。《檀弓》曰「衛有太史曰柳莊」，《漢書·古今人表》作「柳壯」。《莊子·天下篇》「不可與莊語」，釋文曰：「莊，一本作壯。」《鄘風·君子偕老》箋「顏色之莊」，釋文曰「莊，本又作壯。」此下二句云「奄忽滅沒，曄然復揚」，奄忽滅沒，所謂「中息」也；曄然復揚，所謂「更裝」也。

【疏證】

　　明州本、尤本、建本誤同。奎本、贛本作「謂」。謹案：五臣翰注亦作「謂」。明州本傳寫形近而誤，尤本、毛本遞相踵其誤。陳校當據贛本、善注上下文義而改之。然據王氏說，陳校並同二李，因不明「裝」與「壯」通，故「皆不得其解而為之辭」也。謹又案：檢奎本翰注：「蓋，餘也。抗，極也。謂餘聲沈滯極絕，則中道息曲而復調。緩氣而吹，則奄忽而微，如滅沒然也；屬氣而激，則煜然復起。……此吹笛聲也，而言更裝者，謂中道息聲，更調理而吹之，亦如人之將裝結而出也。」除去「亦如人之將裝結而出也」揭破比喻手法外，翰注「（更）裝」實作「調理」解。王說則大抵因翰注，惟以「壯」通「裝」，即以「壯」代五臣「調理」，而持為新說而已。王氏釋下二句云「奄忽滅沒，所謂中息也；曄然復揚，所謂更裝也」，竊以為亦不切：「奄忽滅沒」，當應上「蓋滯抗絕」句，而「曄然復揚」，蓋應「中息更裝」四字也。余此說實與翰注同。本條前胡不出校，亦不援陳校，實為認同尤本，或以待來哲。相較王

說，仍當以前胡固守為慎重。

或乃植持緘繮　注：《漢書音義》：張景曰：二股謂之糾。

【陳校】

　　注「張景」。「景」，「晏」誤。

【集說】

　　胡氏《考異》曰：注「《漢書音義》」下至「三股謂之繮」。袁本、茶陵本無此十七字。

【疏證】

　　尤本作「晏」。奎本以下諸六臣合注本並無此十七字。謹案：毛本從尤本而傳寫形近偶誤，陳校當從尤本正之。

以宣八風　注：杜預《左氏傳注》曰：八風⋯⋯金乾主磬，其風不周；石坎主鼓，其風廣漠；⋯⋯木離生瑟琴⋯⋯其風闛闛。

【陳校】

　　注「木離生瑟琴。」「生」，「主」誤。

【集說】

　　胡氏《考異》曰：注「金乾主磬」下至「其風闛闛」，袁本、茶陵本無此六十三字。

【疏證】

　　尤本作「主」。奎本以下諸六臣合注本並無「金乾主磬」以下六十三字。謹案：今本《左傳杜注》，無此六十三字。陳校亦無待尤本，但據上下文義，可正毛本之譌。

哀聲五降　注：降，疲退也。

【陳校】

　　注「疲退也」。「疲」，「罷」誤。

【集說】

　　姚氏《筆記》曰：「疲」，何校改「罷」。

【疏證】

奎本以下諸六臣合注本、尤本悉作「罷」。謹案：《廣雅·釋詁一》：「罷，勞也。」王念孫《疏證》曰：「罷，與疲同。」五臣向注作「疲退」者，蓋五臣既襲善注而欲以小異以掩其跡耳。此毛本以五臣亂善，陳、何依尤本等正之，是也。

繁手累發　注：《左氏傳》：醫和曰：於是有煩手淫聲，慆湮心耳……乃忘乎和，君子不聽也。手煩不已……言鄭衛之聲煩手雜也。

【陳校】

注「乃忘乎和」。「乎」，「平」誤。

【集說】

胡氏《考異》曰：注「慆湮心耳」下至「手雜也」，袁本、茶陵本無此六十三字。

【疏證】

尤本作「平」。奎本以下諸六臣合注本並無此六十三字。謹案：《左傳》，見《昭公元年》，正作「平」。「手煩不已」以下，大體出《正義》。毛本從尤本而因形近而誤，陳校當據《左傳》、尤本等正之。

安翔駘蕩　注：毛萇《詩傳》曰：間，代也。《莊子》曰：惠施之材駘蕩而不得。

【陳校】

注「毛萇《詩傳》曰：間，代也」，此八字當在上「雜弄間奏」句下。

【謹案】

奎本以下諸六臣合注本、尤本誤同。謹案：此八字蓋釋上句「雜弄間奏」之「間」字。毛本誤從尤本等，當依陳校乙正。此亦前胡漏錄、漏校者。

蚡緼蟠紆　注：蚡緼蟠紆，聲相糾紛貌。

【陳校】

注「蚡緼蟠紆。」「蟠」，「繙」誤。注同。

【疏證】

尤本並注作「繙」。五臣正德本、陳本作「蟠」。奎本以下諸六臣合注本並作「蟠」，校云：善本作「繙」。謹案：五臣作「蟠」，向注可證。善本作「繙」，六臣合注本校語無異詞。「蟠」與「繙」並從「番」得聲，字或可通（贛本向注作「繙」），然既善與五臣有異，毛本以五臣亂善，理當糾正。陳校是。

按拏挼臧 注：《廣雅》曰：挼，推之也。

【陳校】

注「推之也」。「推」，「按」誤。

【集說】

胡氏《考異》曰：注「《廣雅》曰：挼，推之也。」袁本、茶陵本作「又曰：挼，推也」五字。

姚氏《筆記》曰：注「挼，推之也」。「推」改「按」。

【疏證】

尤本作「按」。奎本以下諸六臣合注本作「又曰挼推也」五字。謹案：《廣雅》見《釋詁》三，作「挼，按也。」然《說文・手部》則云：「挼，推也。」《集韻・諄韻》乃有總結：「挼，《廣雅》：『按也。』一曰推也。」善注按、拏、挼三字，尤本分別引《說文》、《倉頡篇》、《廣雅》三書詮釋之，而奎本則獨引《說文》一家，明州本以下諸六臣合注本宗之，遂導致「按」、「推」異文。此或因李善本後先有異。尤本當別有所宗，毛本既從尤本，自當作「按」，不可首鼠兩端，陳校據尤本正之，是也。

徬徨縱肆……老莊之槩也 注：《史記》曰：莊子者……其言汪洋自恣，其適已也。

【陳校】

「其適已也」。「其」，「以」誤。

【疏證】

明州本、贛本、尤本、建本同。奎本作「以」。謹案：語見《史記・老莊申韓列傳》，字正作「以」。本書謝靈運《遊赤石進帆海》詩「適已物可忽」注

引《史記》，亦作「以」。宋・李壁《王荊公詩注・我所思寄黄吉甫》「雖未應真終適已」注、史容《山谷外集詩注・次韻謝外舅病不能拜復官夏雨眠起之什》「身退得自恣」注引並同。奎本獨是，毛本當從尤本等，陳校當據《史記》、本書內證等正之。此亦前胡《考異》漏錄、漏校之例。

溫直優毅　注：《尚書》曰：皋陶曰：擾而毅，直而溫。言正直而有溫和也。

【陳校】

「溫直擾毅」。「優」，「擾」誤。

【集說】

孫氏《考異》曰：「溫直擾毅。」「擾」誤「優」。

胡氏《考異》曰：「溫直擾毅」。袁本、茶陵本「擾」作「優」。案：此似尤改之也。

梁氏《旁證》曰：五臣「擾」作「優」，濟注可證。

許氏《筆記》曰：「優」，何改「擾」。嘉德案：依注，何改是也。

【疏證】

五臣正德本、陳本、奎本以下諸六臣合注本悉同。獨尤本並注作「擾」。謹案：奎本以下諸六臣本無「《尚書》曰」以下二十字。袁、茶本蓋宗祖奎本。五臣作「優」，濟注可證。《尚書》，見《皋陶謨》，正作「擾」，本書蔡伯喈《陳太丘碑文》「兼資九德」注引同。是善本作「擾」。尤本當別有版本依據，非擅改。奎本等失校語耳。毛本此蓋誤從建本等，陳、何校當從《尚書》、尤本、本書內證等正之。《皋陶謨》：「擾，順也。致果為毅」；「直而溫」傳：「行正直而氣溫和。」尤本注「言正直而有溫和也」，祇釋下句「直而溫」，而不釋上句「擾而毅」，亦有偏枯之嫌。又，「《尚書》曰：皋陶曰」，上「曰」字，依善注引書例，當刪。陳、何校並未及。

激朗清厲　注：厲，列也。《莊子》曰：（光）乃自負石而自投瀘水。

【陳校】

注「列也」。「列」，「烈」誤。又「乃自負石」。「自」字衍。

【集說】

　　胡氏《考異》曰：注「厲，列也」。茶陵本「列」作「烈」，是也。袁本亦誤「列」。

【疏證】

　　尤本、建本作「列」、「乃負石」。奎本、贛本作「烈」、「乃負石」。明州本作「列」，《莊子》語，見銑注，亦作「乃負石」。謹案：「列」與「烈」通。《說文·刀部》段注：「列，古假借烈為列……烈亦與列同。」本書《鵩鳥賦》「烈士殉名」，《史記·屈原賈生列傳》作「列」，是其證。參上《羽獵賦》「鱗羅布烈」條。此胡襲陳非例。「乃負石」語，見《莊子注·讓王》，亦無「自」字。毛本蓋涉下文而衍，陳校當從《莊子》、尤本等正之，或亦但據上下文義逕刪耳。

上儗法於韶箾南籥　　注：《左氏傳·昭二十九年》：吳公子札來聘，魯人為奏四代樂……杜預曰：象箾，舞者所執，南籥舞也。文王樂也。

【陳校】

　　注「昭二十九年」。「昭」，「襄」誤。又「南籥舞也」。舊本「籥」下有「以籥」二字、「文王樂也」，「文」上有「皆」字。

【集說】

　　胡氏《考異》曰：注「昭二十九年」下至「魯人為奏四代樂」。袁本、茶陵本無此十八字，有「曰延陵季子」五字。又，注「舞也文王樂也」，袁本、茶陵本「舞」上有「以籥」二字、「文」上有「皆」字。

　　姚氏《筆記》曰：「籥」下，重一「籥」字、「文」上增一「皆」字。

【疏證】

　　尤本同。奎本以下諸六臣合注本並無「昭二十九年」以下十八字、「舞」上有「以籥」、「文」上有「皆」字。謹案：《左傳》，見《襄二十九年》「見舞象箾南籥者」杜注，正作「象箾舞所執，南籥以籥舞也，皆文王之樂」云，《玉海》卷一百十《周象箾》引同。《史記·吳太伯世家》「見舞象箾南籥者」集解引賈逵語，亦作「箾，舞曲也。南籥，以籥舞也。」可為佐證。尤本當別有所本，然傳寫有誤。毛本當從尤本，陳校當據《左傳》、六臣合注本等正之。此亦前胡引袁、茶二本校而去陳校之是者也。

屈平適樂國 注：《史記》：屈原者，名平，楚人同姓。為懷王左司徒……他皆放此。

【陳校】

注「楚人」。「人」，「之」誤。「左司徒」。「司」字衍。

【集說】

胡氏《考異》曰：注「《史記》屈原者」下至「他皆放此」，袁本、茶陵本無此一百一字。

【疏證】

尤本同。奎本以下諸六臣合注本並無「《史記》屈原者」以下一百一字。謹案：語見《史記・屈原賈生列傳》，字正作「之」、無「司」字。唐・李瀚撰、宋・徐子光注《蒙求集註》卷下「屈原澤畔，漁父江濱」引同。尤本當別有所本，然傳寫有誤。毛本當從尤本，陳校當據《史記》正之。

皋魚節其哭 注：《韓詩外傳》曰：皋魚對曰：吾……高尚其志，不事庸君，而晚事無成，二失也。

【陳校】

注「晚事無成」。「事」，「仕」誤。

【集說】

余氏《音義》曰：「晚事無」。「事」，何改「仕」。

【疏證】

奎本以下諸六臣合注本、尤本悉作「仕」。謹案：《韓詩外傳》見卷九，今本作：「高尚吾志間，吾事君失之二也」，《太平御覽》卷四百八十七引《外傳》則作「高吾志，簡吾事。不事庸君，失之二也」、卷七百六十四引《說苑》作「素尚高節，不事庸君，臣節不遂，二失也」，三者並無「而晚事無成」五字。《古今事文類聚》後集卷三引、《古今合璧事類備要》前集卷二十四「風木思養」注引則「晚」下並無「事」字，餘同毛本。毛本因涉上文「不事庸君」而作「事」。陳、何當從尤本等正之。如《古今事文類聚》等，「晚」下並無「事」字者，於文義亦無妨焉。

長萬輟逆謀，渠彌不復惡　注：《左傳曰莊十二年》：長萬，南宮萬也⋯⋯蒙澤，佳地。⋯⋯《左傳曰桓十二年傳》云：初⋯⋯昭公惡之，因諫不聽。⋯⋯辛卯，殺昭公。⋯⋯公子達曰⋯⋯注曰：公子達，魯大夫。復，重。本為昭公所惡，而復殺君，重也。⋯⋯將欲為卿。

【陳校】

　　注「《左傳》」下，並衍「曰」字。又「佳地」。「佳」，「宋」誤。「因諫不聽」。「因」，「固」誤。「殺昭公」。「殺」，「弒」誤。「復重」。「重」下脫「也」字。「而復殺君，重也」。「殺」，「弒」誤，「重」下脫「為惡」二字。

【集說】

　　胡氏《考異》曰：注「《左傳》曰莊十二年」下至「《桓十二年傳》云初」，袁本、茶陵本無此四十六字。有「《左氏傳》曰：南宮長萬弒閔公于蒙澤。杜預曰：宋大夫也。又曰」二十三字。又曰：注「辛卯」，袁本、茶陵本無此二字。又曰：注「公子達曰」下至「欲為卿」，袁本、茶陵本無此五十七字。

　　梁氏《旁證》曰：「桓十二年」。何校「二」改「七」。「因」改「固」。

【疏證】

　　尤本惟「宋」、「固」二字不誤外，其餘脫、誤悉同。奎本以下諸六臣合注本同袁、茶二本。亦作「固」。謹案：《左傳·莊公二十年》正無「曰」、作「宋」；又見《桓公十七年》，無「曰」、作「固」、「殺昭公」、「復重」下，有「也」、作「復弒君」、「重」下有「為惡」二字。尤本傳寫有誤，毛本誤從之，復增其譌奪，陳校蓋從《左傳》、尤本補正之。然仍不能免前胡「不能挈其綱維」之譏。許氏《筆記》以六臣本善注「較今注為明順，從之。」

蒯瞶能退敵，不占成節鄂　注：《左傳》曰：定十四年，衛靈公逐太子蒯瞶，太子奔宋。至哀公二年，衛靈公卒，而立蒯瞶之子輒為衛侯，晉趙鞅乃納蒯瞶于戚。至哀公三年，衛侯輒帥師圍之。父子爭國，為讎敵也。

【陳校】

　　舊本注引《左氏傳》曰：「衛太子登鐵丘，望見鄭師眾。懼，自投車下」。今此條注語既冗複，且又誤引。

【集說】

　　胡氏《考異》曰：注「《左傳》曰：定十四年」下至「敵也」，袁本無此六

十六字，有「蒯聵衛太子也。《左氏傳》曰：衛太子登鐵丘，望見鄭師眾，懼，自投于車下」二十七字。茶陵本脫「蒯聵衛太子也」六字，餘同。袁此所改，大誤。

梁氏《旁證》曰：六臣本無此六十六字，有「蒯聵衛太子也」云云二十七字。此注當據改。

姚氏《筆記》曰：何減「《左傳》曰」下「定十四年」至「敵也」六十四字，改云：「《左氏傳》曰：『衛太子登鐵（邺）［丘］，望見鄭師［眾］，懼，自投于車下。』」鼐云：「蒯聵初致子良之讒，後救簡子以戈，復伐鄭師，大敗之。賦正取此。」

許氏《筆記》曰：六臣本善注：「《左氏傳》：衛太子登鐵（上）［丘］，望見鄭師眾，懼，自投車下。」依六臣本改正，下接《韓詩外傳》。嘉德案：六臣茶陵本如此。袁本更有「蒯聵衛太子也」六字。今注「衛靈公」云云，胡曰「大誤」。

【疏證】

尤本同。奎本以下諸六臣合注本正作「《左氏傳》曰：衛太子登鐵丘」云云，惟「《左傳》曰」上，奎本有「蒯聵衛太子也」六字。明州本首佚去，贛本、建本從之。謹案：胡氏《考異》見茶陵本無此六字，蓋茶陵本本出贛本、建本系統。袁本實宗祖奎本，最是。前胡以「袁此所改，大誤」者，或因此六字向注亦有，蓋未見奎本善注已有也。焉知不是向注襲善乎？陳、何校並從茶陵本，前胡實宗之，亦未為得。毛本當誤從尤本。又謹案：頗疑前胡「袁此所改，大誤」之「袁」，乃「尤」字之譌。吳語二字音同。若此，與上「茶陵本脫蒯聵衛太子也六字」之「脫」字，亦應，前胡說即為宗袁本矣。

又注：《韓詩外傳》云：不占，陳不占也，齊人。崔杼弒莊公……聞鼓戰之聲，遂駭而死。

【陳校】

注「不占，陳不占也。齊人。」上「不占」二字、「也」字並衍。「聞鼓戰」，舊本作「聞鐘鼓」。

【集說】

余氏《音義》曰：何刪「不占，陳不占也」。

胡氏《考異》曰：注「聞鼓戰之聲。」袁本、茶陵本「鼓戰」作「鐘鼓」。

梁氏《旁證》曰：何校「不占」以下六字，移在「《韓詩外傳》云」之上。

姚氏《筆記》曰：何滅「不占」六字，又滅「人」字。改云：「《韓詩外傳》云：『齊崔杼弑莊公』」。

【疏證】

尤本並同。奎本以下諸六臣合注本並作「《韓詩外傳》曰：陳不占，齊人也」、「聞鍾鼓」。謹案：今本《外傳》未見陳不占事。有「荊蒯芮」死君事。亦冠以「齊崔杼弑莊公」語。不占死君，《太平御覽》卷四百一十八、四百九十九兩引《韓詩外傳》並見，以後者文字與《選》文為密合。二者並無「陳不占，齊人也」六字、卷四百一十八作「聞鐘鼓戰鬭之聲」；卷四百九十九作「聞鼓鐘之音，闞戟之聲」。奎本等皆有「陳不占，齊人也」六字，證尤本確有所據，然六字當在「《韓詩外傳》」上，蓋非《外傳》文，《御覽》可證。陳校刪「不占」二字、「也」字，是。何校並刪「不占，陳不占也」，非；移在「《韓詩外傳》云」之上，亦非，蓋不知上「不占」二字、「也」字皆衍文耳。陳校正之，蓋從六臣合注本。梁、姚二家錄何校有異，見何氏校事確有重覆之舉。

又注：鄂，直也。從邑者，乃地名也，非此所施也。《字林》曰：鄂，直言也。謂節操塞鄂而不怯懦也。

【陳校】

注中三「鄂」字，並當作「咢」。「咢」，與「諤」同。《史記》：「不如周舍之咢咢」。

【集說】

顧按：依注是「鄂」字，從「卪」。

胡氏《考異》曰：注「鄂，直也」下至「非此所施也」。袁本、茶陵本無此十五字。

梁氏《旁證》曰：段校云：「於此見《字林》有鄂字。在《卪部》。後人失之。」

姚氏《筆記》曰：範按：「諤」、「鄂」古字通。如注，似欲改「諤」。樹按：⋯⋯但解「鄂」字終未洽。

許氏《筆記》曰：「節鄂」。注辨「咢」、「鄂」二字之不同。今皆誤為「鄂」。

【疏證】

尤本同。奎本以下諸六臣合注本皆無「鄂直也」下十五字。謹案：諸家說各不同。陳主「咢」，顧、段主「鄂」，姚主「諤」，許主「䚏」，言各有據。陳校引《史記・趙世家》「不如周舍之咢咢」，《別雅》卷五引作「鄂鄂」，《通雅》引又作「䚏䚏」，又謂：「與不如一士之諤諤同」，然則，咢、鄂、䚏、諤本通。本條五臣作「鄂」，向注可證；善本為「䚏」，則引《字林》已明。既非善與五臣有異，不改可矣。楊慎《丹鉛摘錄》卷六據本條「鄂，直也」下十五字，云：「節鄂，連綿字，皆从卩。而今刻本皆誤从阝。」必以作「䚏」是，斯為武斷；陳校必欲改「咢」，亦泥。毛本「鄂，直也」十五字，當從尤本。尤本容有來歷。

鱣魚喁於水裔　注：《淮南子》：瓠巴……《淮南子》：水濁，則魚噞喁……注：楚人噞喁，魚出頭也。

【陳校】

注「楚人噞喁。」「楚人」二字，衍。

【集說】

胡氏《考異》曰：注「《淮南子》瓠巴」下至「楚人噞」，袁本、茶陵本無此五十字。

【疏證】

尤本同。奎本以下諸六臣合注本並無此五十字。謹案：下《淮南子》，見《主術篇》，作「水濁則魚噞」注云：「魚短氣，出口於水。喘息之諭也。噞，音奄」，並無「楚人」二字，亦無「喁」。今檢《韓詩外傳》卷一曰：「水濁則魚喁，令苛則民亂。」《說文・口部》：「喁，魚口上見。」奎本等六臣本作「喁，魚口上見」，當出《說文》。是此節文字，善注若非奪脫，即有後人竄入焉。毛本誤從尤本，陳校僅據尤本，失在未考《淮南子》、《韓詩外傳》、《說文》諸書也。

瓠巴聑柱　注：《孫卿子》曰：……江邃《文釋》曰：瓠巴，齊人也。

【陳校】

注「江邃《文釋》」。「邃」，「邃」誤。

【集說】

胡氏《考異》曰：注「《孫卿子》曰」下至「齊人也」，袁本、茶陵本無此

二十三字。

【疏證】

尤本同。奎本以下諸六臣合注本無此二十三字。謹案：本書陸士衡《猛虎行》「不息惡木陰」注引「江邃《文釋》」云云。《隋書·經籍志四》有：「詩集五十卷」注：「江邃撰《雜詩》二十卷」。前有「宋明帝撰《雜詩》七十九卷」；後有「宋太子洗馬劉和注」云云，則可推知為劉宋人。毛本當誤從尤本，陳校當從本書內證等正之，然於「《孫卿子》曰」二十三字，亦失考。

留盱瞡眙　注：《字林》曰：瞡瞡，直視貌。《蒼頡篇》曰：瞡，直下視貌。

【陳校】

留盱瞡眙。「盱」，「盰」誤，「瞡」，「瞡」誤。

【集說】

顧按：「瞡」、「瞡」同。

【疏證】

尤本作「盰瞡」，從目。五臣正德本、陳本作「視瞪」。奎本同，校云：善本作「盱瞡」。明州本作「視瞪」，校云：善本作「盱瞡」。贛本作「盱瞠」，校云：五臣作「視瞪。」建本「瞠」作「瞡」，餘同贛本。謹案：《廣韻·至韻》：「視，看視。盱，古文。」又，顧按是也。從「目」、從「耳」之字，古文獻屢見通用。《倉頡篇》卷中：「瞠，直下視也。」《莊子·田子方》：「夫子奔逸絕塵，而回瞠若乎後矣」，釋文：「瞠，《字林》云：直視貌。」《廣韻·庚韻》：「瞠，直視貌。丑庚切。」《集韻·庚韻》：「瞠」，或作「瞡」。《廣韻·映韻》「瞪，住視也。」比照善注與上引文獻資料，可見「盱瞡」字。「盱」與「盰」、「視」字音義同；「瞡」與、瞡、瞠」字音義並同。然善與五臣用有別。五臣作「視瞪」，濟注可證。善本作「盱瞡」，從「耳」，注引《字林》、《倉頡篇》已明。毛本不誤，陳校必欲從「目」，改從尤本，則亦泥。

致誠效志，率作興事　注：孔安國曰：天下率臣下為起治事。

【陳校】

注「天下率臣下」。上「下」作「子」。

【集說】

余氏《音義》曰：「天下率」。「下」，何改「子」。

【疏證】

奎本以下諸六臣合注本、尤本悉作「子」。謹案：語見《尚書注疏‧虞書》孔傳，字正作「子」。《冊府元龜》卷三十七「率作興事，慎乃憲欽哉」注引孔傳同。此毛本涉下文「臣下」字偶譌。陳、何校當據《尚書》、尤本等正之。

漑盥汙澱　注：《禮記》曰：食於質者。盥，亦滌也。

【陳校】

注「食於質者。」四字疑當作「盥洗」二字，因本「盥洗」下，有「執食飲者」四字而譌。

【集說】

胡氏《考異》曰：注「《禮記》曰：食於質者。」案：此有誤也。各本皆同，無以訂之。

梁氏《旁證》曰：「食於質者。」此恐有誤。

【疏證】

尤本、奎本以下諸六臣合注本悉同。謹案：「洗盥執食飲者」，語見《禮記‧少儀》，可理解為善釋正文「盥」，然與「食於質者」四字，畢竟相去甚遠。陳校，不可取。當如前胡、梁氏，存疑可也。檢《毛詩‧檜風‧匪風》「漑之釜鬵」毛《傳》：「漑，滌也。」因疑《禮記》曰」七字，或當作「毛萇《傳》曰：漑，滌也」，故下李善承上有「盥，亦滌也」四字，合釋正文「漑盥」辭。俟再考。

丸梴彤琢　注：《漢書音義》：如淳曰：梴，擊也。舒連切。一作埏。《老子》曰：埏埴以為器。河上公注曰：埏，和也。埴，土也。和土為食飲之器也。《淮南子》曰：陶人克埏埴。許重曰：埏，抒也。埴土為也。

【陳校】

注「一作埏」。「埏」，「埏」誤。

【集說】

胡氏《考異》曰：注「一作埏」下至「埴土為也」。袁本、茶陵本無此四十九字。

朱氏《集釋》曰：案：《詩》云：「松角有梴。」梴字，《詩》从木，一本从手，《釋文》：「俗作埏」，蓋三字同音通用。注又云「挻，一作埏。《老子》曰」云云。案：此注六臣本所無。胡氏《考異》亦云「袁本、茶陵本無之。」殆尤氏取他本增入者，所說與善注不合，而義較勝。……《說文》無「埏」字。《手部》：「挻，長也。」以其从手，故「埏埴」字亦當作「挻」。若从木之「梴」，見《說文·木部》，然不應複有「挻長」字，段氏疑後人所羼入，當是已。

許氏《筆記》曰：注「一作埏」。案：《說文》：「梴，木長也。《詩》曰：『松桷有梴。』丑連切」；「挻，長也。从手从延。式連切。」然注梴、挻兩釋，从埏為是，从木者譌。嘉德案：茶陵六臣本「梴」下云「五臣作挻」，李既注引《漢書音義》釋「挻」，安得為「五臣挻」？亦所見本譌也。

【疏證】

尤本作「埏」，奎本以下諸六臣合注本並無此四十九字。謹案：《說文》：「埏，八方之地也。从土，延聲。」《新附考》：「埏，乃挻、梴之別字。」埏、挻、梴三字並從「延」得聲，故「延」字與彼等，當得通叚。《文苑英華》卷八百五十七元黃之《潤州江寧縣瓦棺寺維摩詰畫像》「若乃群邪作梗，諸惡延災」注：「一作挻。」即是一證，故陳校必謂「延」字誤，亦未必其然也。五臣作挻，翰注可證。嘉德以五臣必不從手，亦未必。

裁已當簹便易持　注：言裁笛似當樀，故便而易持也。

【陳校】

注「言裁笛似當樀。」「似」，「以」誤。

【疏證】

奎本以下諸六臣合注本、尤本悉作「以」。謹案：沈括《夢溪筆談》卷五引善注亦作「以」。據正文作「已」，亦可佐證注當作「以」。此毛本傳寫偶疏獨誤。陳校當據正文、尤本等正之。

易京君明識音律　注：言易京者，猶如莊周蒙人謂莊蒙，及磬裏、宋翟之比。

【陳校】

注「莊蒙」二字，當乙。

【集說】

　　胡氏《考異》曰：注「言易京者」下至「宋翟之比」。袁本、茶陵本無此二十字。案：「易京」，上已注訖。此所增大誤。

【疏證】

　　尤本作「蒙莊」。奎本以下諸六臣合注本並無「言易京者」以下二十字。謹案：本書潘安仁《悼亡詩》「下愧蒙莊子」注「莊子蒙人，故云蒙莊子。」劉禹錫《傷往賦》：「彼蒙莊兮何人，予獨累歡而長吟。」毛本從尤本而傳寫倒之，陳校當據本書內證、尤本等正之，然當從前胡說。

琴賦一首　嵇叔夜

其體制風流，莫不相襲　注：仲長子昌言曰：乘北風，順此流而下走。

【陳校】

　　注「乘北風」。「北」，「此」誤。

【疏證】

　　奎本以下諸六臣合注本、尤本悉作「此」。謹案：毛本獨形近而誤。作「此」始與下文「此」字文義相順而下，陳校當據上下文義、尤本等正之。

夕納景于虞淵兮　注：《淮南子》曰：日入子虞淵之氾。又曰：入于虞淵，是謂黃昏。

【陳校】

　　注「日入子」。「子」，「于」誤。

【疏證】

　　奎本以下諸六臣合注本、尤本悉作「于」。謹案：《淮南子》，見《天文》篇，正作「于」。但觀下文，亦見當作「于」字。毛本獨傳寫偶誤。陳校據尤本、上下文等正之。

盤紆隱深　注：盤曲紆屈，隱幽深邃也。……嵒，山巖也

【陳校】

　　注「深邃」。「邃」，「邃」誤。

【集說】

胡氏《考異》曰：注「盤曲，紆屈」下至「嵩，山巖也」，袁本、茶陵本無此二十八字，有「盤紆，詰屈也。崔嵬岑嵒，高峻之貌也」十四字。

【疏證】

尤本作「邃」。奎本以下諸六臣合注本並同袁、茶二本，惟少一「之」字。謹案：毛本從尤本而傳刻有誤，陳校當據上下文義、尤本等正之。

玄岭巉巘

【陳校】

「玄」，「互」誤。

【集說】

孫氏《考異》曰：「玄」，一本作「互」。

胡氏《考異》曰：「互岭巉巘。」袁本、茶陵本「互」作「元」。案：此無可考也。或尤本字譌。

梁氏《旁證》曰：「互岭巉巘。」六臣本「互」作「元」。

許氏《筆記》曰：何改「互嶺」。嘉德案：茶、袁二本作「玄嶺」，尤本作「互嶺」。注無釋，無以考之，今從何校。

【疏證】

五臣正德本及陳本、奎本以下諸六臣合注本悉同。獨尤本作「互」。明·黃魯省刻《嵇中散集》卷二亦作「互」。前胡《考異》錄袁、茶作「元」者，蓋避清諱「玄」也。謹案：玄、互皆誤，字當作「亙」。「亙」，是「栢」之古文。《說文·木部》：「栢，竟也。從木，恆聲。亙，古文栢。」段注云：「今字多用亙，不用栢。」「亙」，字又作「亘」。邵瑛《群經正字》云：「此橫栢字，今文從古而又省作亘」。「亙」，《詩·小雅·天保》「如月之恆」之本字。毛《傳》：「恆，弦升出也。言俱進也。」鄭《箋》：「月上弦而就盈」。引申為彌亙，綿延之義。「亙嶺巉巘」，亙與巉，綿延正與高險相切。「亙」，誤作「互」，古文獻並不罕見。《水經注·河水篇》「沿溪亙（亘）嶺」，有誤作「互」者。趙一清《水經注釋·河水三》即誤作「互」。其所撰《水經注箋刊誤》卷一則力正作「亘」之非，益繆。

安回徐邁 注：安回，波靜皆去象。

【陳校】

注「波靜皆去象。」「皆」，「遠」誤。

【集說】

胡氏《考異》曰：注「安回，波靜遠去象。」袁本、茶陵本無此七字。

【疏證】

尤本作「遠」。奎本以下諸六臣合注本並無此七字。謹案：毛本從尤本而傳刻有誤，陳校當據尤本等正之。

涓子宅其陽 注：《列子傳》曰：涓子者，齊人。

【陳校】

注「列子」。「子」，「仙」誤。

【集說】

余氏《音義》曰：「《列子傳》」。「子」，何改「仙」。

【疏證】

奎本以下諸六臣合注本、尤本悉作「仙」。謹案：事見《列仙傳·涓子》，《太平御覽》卷八百三十四引亦作「《列仙傳》」。本書沈休文《早發定山》「徘徊望九仙」注、孔德璋《北山移文》「涓子不能儔」注引並作「仙」。毛本傳寫偶譌，陳、何校蓋據《列仙傳》、本書內證、尤本等正之。

榮期綺季之儔 注：《列子》曰：孔子遊於泰山，見榮啟期行乎郊之野。

【陳校】

注「行乎郊」。「郊」，「邾」誤。

【集說】

胡氏《考異》曰：注「行乎邾之野」。袁本、茶陵本無此五字。

【疏證】

尤本作「邾」。奎本以下諸六臣合注本並無此五字。謹案：《列子》，見《天瑞》篇，作「郕」，注云：「音成。魯邑名。」《太平御覽》卷四百六十八引《列子》亦作「郕」。《孔子家語·六本》作「郕」，《御覽》卷五百七十九引《家語》

同，江遹《沖虛至德真經解·天瑞》引、《淮南子·主術》篇「夫榮啟期一彈」高注引亦同。《藝文類聚》卷四十四引《列子》則無「行乎郊之野」五字。章樵註《古文苑·班固·終南山賦》「榮期綺季此焉恬心」引《家語》則亦誤作「郊」。奎本等所引為《新序》，然《新序》未見載此故事。此當奎本等誤引，或尤本正之，然作「郊」，亦誤。毛本當從尤本而傳寫因形近譌作「郊」，是誤中誤矣。陳校亦失之眉睫間。前胡未能正袁、茶二本之失。

周旋永望　注：《左氏傳》：史記曰：奉君以周旋。

【陳校】

　　注「史記曰：奉君以周旋。」「史記」，當作「太史克」，「君」字衍。

【集說】

　　胡氏《考異》曰：注「奉君以周旋」，陳云：「君字衍。」是也，各本皆衍。

　　梁氏《旁證》曰：陳校去「君」字。是也，各本皆衍。

【疏證】

　　奎本以下諸六臣合注本、尤本悉衍「君」字、作「史克」。謹案：事見《春秋左傳注疏·文公十八年》：「大史克對曰：『先大夫臧文仲教行父事君之禮，行父奉以周旋，弗敢失隊。』」本書左太沖《魏都賦》「而周旋師門」注、張平子《思玄賦》「庶斯奉以周旋」注、何敬祖《贈張華》「周旋我陋圃」注、王僧達《答顏延年》「誦以永周旋」注引並作「太史尅」、無「君」字。毛本從尤本等，復誤克為「記」，是誤中益誤，陳校當據《左傳》、本書內證等正之。前胡漏錄、漏校尤本脫「太」字。

指蒼梧之迢遞　注：《山海經》曰：……其中有九嶷山。

【陳校】

　　注「九嶷山」。「嶷」，「疑」誤。

【集說】

　　顧按：「嶷」字，出《說文》。

【疏證】

　　尤本同。奎本以下諸六臣合注本並作「疑」。乍看陳校，容有兩種理解：

一是言「嶷」譌「疑」正。顧校則謂「嶷字，出《說文》」，無誤也。謹案：陳校之失，關鍵在不悟「嶷」與「疑」通。首先，嶷，從「疑」得聲。顧所舉《說文》即有明證：「嶷，从山，疑聲。」《山海經·海內經》郭注「九嶷山」下明標有「音疑」字。其次，陳氏心中實橫亙《山海經》郭注：「其山九谿皆相似，故云九疑」一說，因「相似」，郭故云「疑」；而以「嶷」無「擬似」義，而斷其誤。蓋不知郝義行《山海經》有疏云：「《楚詞》、《史記》並作『九疑』，《初學記》八卷、《文選·上林賦》注引此經，亦作『九疑』，《琴賦》注又作『九嶷』，蓋古字通也」云云耳。本書謝靈運《初發石首城》「遊湘歷九嶷」並注、《湘夫人》「九嶷繽兮竝迎」並注亦作「九嶷」；《吳都賦》「陟以九疑」並注、「舜禹游焉」二注、孫興公《遊天台山賦》「直指高於九疑」並注、張平子《思玄賦》「存重華乎南鄰」注、《鍾山詩應西陽王教》「勢隨九疑高」並注、謝玄暉《敬亭山詩》「兼得尋幽蹊」注、鮑明遠《樂府詩八首·苦熱行》「丹蛇踰百尺」注、張平子《四愁詩》「欲往從之湘水深」注、《離騷經》「就重華而陳詞」注，又並作「九疑」。凡此，足證陳校之泥也。

臨迴江之威夷　注：《韓詩》曰：周道倭夷。

【陳校】

注「周道倭夷。」「倭」，「威」誤。

【集說】

張氏《膠言》曰：《詩》「四牡騑騑，周道倭遲」。《毛詩》作「倭遲」，《韓詩》作「威夷」。雲璈按：李善注《文選》十、又二十、又二十一、又五十六引《韓詩》皆作「威夷」，惟《琴賦》引《韓詩》作「倭夷」。然正文「臨迴江之威夷」，仍是「威」字，注作「倭」者，順《毛詩》所改，或字之誤也。《地理志》又作「郁夷」，與《韓》、《毛》各異。《藝文志》謂三家魯為近之，則「郁夷」乃《魯詩》。顏師古見與毛《傳》不同，以為《韓詩》，不知《韓詩》有薛君《章句》及《選》注可證也。

梁氏《旁證》曰：注「《韓詩》曰：周道威夷。」毛本「威」作「倭」。按：本書《西征賦》注、《金谷集作詩》注、《秋胡詩》注、《石闕銘》注引《韓詩》並作「威夷」。此正文正是「威夷」，則不應改作「倭」也。

【疏證】

奎本作「《毛詩》曰：周道威夷。」明州本、贛本、尤本、建本作「《韓

詩》」，餘同奎本。謹案：本條明州本首改「《毛詩》」為「《韓詩》」。「威」改
「倭」，則獨毛本耳。然「倭夷」與「威夷」同，本是聯綿詞。陳校不知此理。
王應麟《詩考・韓詩・東山》載：「周道倭夷」注：「《釋文》、《文選》注」；又
「周道威夷」注曰：「薛君曰：威夷，險也。……《文選》注」。是王所見《文
選》引《韓詩》即有「倭」、「威」之歧焉。本書除本條作「倭」外，潘安仁《西
征賦》「登崤坂之威夷」、《金谷集作詩》「峻坂路威夷」、顏延年《秋胡詩》「行
路正威遲」、陸佐公《石闕銘》「宋歷威夷」並注引《韓詩》悉作「威」，亦「倭」
「威」並用，故陳不必改，亦不勝改焉。

乃嘶孫枝　注：張衡《應問》曰：可剖其孫枝。

【陳校】

　　注「張衡《應問》」。「問」，當作「間」。

【集說】

　　胡氏《考異》曰：注「張衡《應問》曰」。何校「問」改「間」。陳同，是
也。各本皆譌。

　　梁氏《旁證》曰：何校「問」改「間」。

【疏證】

　　奎本以下諸六臣合注本、尤本悉同。謹案：陳、何校改是。根據即在《後
漢書》本傳並注。《本傳》云：「五載復還，乃設客問，作《應間》，以見其志」，
注云：「間，非也。《衡集》云：觀者觀余去史官五載而復還，非進取之勢也。
唯衡內識利鈍，操心不改。或不知我者以為失志矣，用為間余。余應之以時
有遇否，性命難求。因茲以露余誠（馬）［焉］，名之《應間》云。」注引《衡
集》交待十分明白：此作本應有人不明其進取之志，反「間余」者所作。所謂
「間余」，即非議余志也。然宋人校刻《文選》者，不明此意，因「應問」一
辭習見，且問、間（間）形近，遂將李賢「間，非也」本為釋意之注，誤讀為
校勘之語。全不顧賢注全文文義。間（間）有非義，徵之文獻，亦非罕見：《方
言》卷三：「間，非也。」《管子・權修》：「授官不審，則民間其治。民間其治，
則理上不通。」《孟子・離婁上》：「人不足與適也，政不足間也。」趙岐注：
「間，非。」本書《運命論》：「西河之人蕭然歸德，比之於夫子而莫敢間其
言。」善注引陳羣《論語注》曰：「不得有非間之言也。」皆是明證。無論宋
本刻者，即後之治《選》者，何、陳能明其意，至梁氏便不能了了矣。

又注：鄭玄《周禮》注曰：孫竹，枝根之未生者也。

【陳校】

注「枝根之未生者。」「枝」上，脫「竹」字、「未」，「末」誤。

【集說】

余氏《音義》曰：「未生者」。「未」，何改「末」。

胡氏《考異》曰：注「孫竹枝根之未生者也」。袁本「未」作「末」，是也。茶陵本亦誤「未」。陳云「枝上脫竹字。」今案：「枝」，當作「竹」耳，各本皆誤。

梁氏《旁證》曰：何校「未」改「末」。胡公《考異》曰：「枝，當作竹，各本皆誤。」

【疏證】

尤本脫、誤悉同。奎本、明州本、建本脫「竹」、作「末」。贛本脫「竹」、「枝」誤「之」、「未」誤「未」。謹案：語見《周禮注疏‧大司樂職》，正作「孫竹，竹枝根之未生者。」《初學記》卷二十八「《周禮》曰：孫竹之管」引鄭注同尤本。依前胡《考異》校，則作：「孫竹，竹根之未生者也」，誤刪一「枝」字。毛本誤從尤本，陳校當從《周禮》鄭注正之。此條《旁證》繫何，《考異》屬陳。此亦前胡《考異》誤校之證。

乃使離子督墨　注：《孟子》曰：離婁，黃帝時人……見秋毫之末。

【陳校】

注「《孟子》」下，脫「注」字。

【集說】

余氏《音義》曰：「曰離婁」。「曰」上增「注」字。

胡氏《考異》曰：注「《孟子》曰」下至「見秋毫之末」。袁本、茶陵本亦無此三十一字。

梁氏《旁證》曰：何校「曰」上添「注」字。

【疏證】

尤本同。奎本以下諸六臣合注本無此三十一字。謹案：語見《孟子注疏‧離婁章句上》注。但觀上下文義，亦可決必為注文。毛本誤從尤本，陳、何校當據《孟子》、尤本、上下文義等補。

匠石奮斤　注：《莊子》：司馬彪曰：匠石，字伯夔。

【陳校】

注「字伯夔」。舊本無「夔」字，為是。《景福殿》及《洞簫賦》注可據。

【集說】

顧按：又見司馬彪《贈山濤詩》注、《七命》注。

【疏證】

奎本以下諸六臣合注本、尤本悉無「夔」字。謹案：《莊子》，見《人間世》篇「匠石之齊」，郭注：「匠伯。伯，匠石字也」。其字亦祇「伯」一字。本書《景福殿賦》「匠石不知其所斲」注、《洞簫賦》「於是般匠施巧」注、《贈山濤》「班匠不我顧」注、《七命》「營匠斲其樸」注，並作「匠石，字伯」。毛本當涉下正文「夔襄薦法」獨衍，陳校當據尤本、本書內證等正之。

伶倫比律，田連操張　注：或曰成連……《琴操》：……吾師有乃子春善於琴……見子春受業焉。

【陳校】

注「吾師有乃子春」。「乃」，「方」誤。

【集說】

胡氏《考異》曰：注「或曰成連」下至「見子春受業焉」。袁本、茶陵本無此八十二字。

【疏證】

尤本作「方」。奎本以下諸六臣合注本同袁、茶二本。謹案：《北堂書鈔》卷一百九「化人之情」注引亦作「方」。毛本從尤本而因形近而誤，陳校當從尤本等正之。

發清角　注：《淮南子》曰：師曠……《韓子》曰：昔衛公之晉，於濮水上宿。夜有鼓吹聲者……師曠奏之，有雲從西北方起之。……清角為勝。

【陳校】

注「夜有鼓吹聲」。「吹」，作「新」。又「西北方起之」。「起」，「赴」誤。

【集說】

　　胡氏《考異》曰：注「《淮南子》曰師曠」下至「清角為勝」，袁本、茶陵本無此一百二十四字。

【疏證】

　　尤本作「新」、「起」。奎本以下諸六臣合注本無一百二十四字。謹案：事見《韓非子·十過》，正作「新」、「赴」。《藝文類聚》卷四十一引作「新」、「來」；《太平御覽》卷五百七十九引作「琴」、「起」字。《類聚》卷一百、《御覽》卷一百八十五引《韓子》，則作「起」。本書王正長《雜詩》「師涓久不奏」注、嵇叔夜《養生論》「夜分而坐」注引並作「新」。毛本從尤本而傳寫誤「吹」，作「起」，則未必譌。陳校當從尤本、類書等正之。

新衣翠粲　注：班婕妤《自傷賦》曰：紛（翠粲）〔綷縩〕分紃數聲。

【陳校】

　　注「紃數」。「數」，「素」誤。

【疏證】

　　奎本以下諸六臣合注本、尤本悉作「素」。謹案：《漢書·外戚列傳》作「素」。本書潘安仁《藉田賦》「綃紃綷縩」注引《漢書》班賦同。毛本傳寫獨因音近而譌，陳校當從《漢書》、本書內證、尤本等正之。

雅昶唐堯　注：《七略·雅暢》第十七曰：《琴道》曰：《堯暢》逸又曰：達則兼善天下……又曰：《微子操》……。

【陳校】

　　注「逸又」。「又」，作「文」。

【疏證】

　　上「又曰」，奎本以下諸六臣合注本、尤本同。謹案：諸本及毛本不誤，陳校非。本條中心詞是「《堯暢》」，傳說是堯作琴操名。校勘關鍵在「達則兼善」云云之歸屬。若依陳校「逸又曰」之「又」改「文」，則「文」必上屬「逸」字為連文，則「達則兼善」云云，必歸《堯暢》逸文。然觀下文「又曰《微子操》」云云，與《堯暢》並列，顯然解釋「《堯暢》」者，合當是《琴

道》，而非「逸文」。陳校之誤，在不悟當在「逸」下斷句。是《琴道》言《堯
暢操》已佚。下文兩處「又曰」，並出《琴道》，而非「逸文」也。持此說有
證據三：一，張氏《龍筋鳳髓判·大樂》「聖朝均四暢」，明·劉允鵬注：「劉
歆《七略》：《瑟道》有《堯暢》，逸。堯廉善，天下無不通暢，故謂之暢。」
可為明證。二，唐·馬總《意林·新論十七卷》：「古者，聖賢玩琴以養心。
窮則獨善其身而不失其操，故謂之操。達則兼善天下，無不通暢，故謂之暢。
《堯暢經》逸不存，《舜操》其聲清以微，《微子操》其聲清以淳，《箕子操》
其聲淳以激。」中「經」字，如《文選》尊《離騷》為「經」，無可懷疑。
「不存」字，可印證「逸」不得與下字連文，陳校連文之非。三，《七發》：
「使師堂操暢」注亦引「《琴道》曰：『《堯暢》（遠）〔達〕則兼善天下無不
通暢，故謂之暢。』」此可佐證上兩「又曰」，皆出《琴道》，而非陳所謂「《堯
暢》逸文」。注「達則兼善天下」之「達」字，胡氏《考異》曰：「注『達則
兼善天下。』袁本、茶陵本『達』作『堯』。案：尤未必是也。」《意林》言
之甚明。此前胡未讀《意林》之故。尤、毛本「達」字不誤。奎本等六臣合
注本作「堯」者，非也。

優遊躇躊　注：躊躇竦跱。

【陳校】

注「竦跱」。「竦」，作「竦」。

【疏證】

奎本以下諸六臣合注本、尤本悉作「竦」。謹案：「竦」，「疏」之俗字。
「竦跱」，不辭。此毛本獨因「竦」、「竦」形近而譌耳。陳校當從尤本、本書
內證等正之。「竦跱」，竦然而立也。又作「竦峙」，本書張衡《西京賦》「通天
眇以竦峙」薛注：「竦，立也；峙，住也。」謝玄暉《觀朝雨》「既灑百常觀」
注引上《西京賦》語同，又潘安仁《射雉賦》：「應叱愕立，擢身竦峙」等並是
其證。

要列子兮　注：《莊子》：列子禦風泠然者，風仙也。

【陳校】

注「列子禦風」。「禦」，作「御」。

【集說】

胡氏《考異》曰：注「《莊子》」下至「風仙也」，袁本、茶陵本無此十二字。

許氏《筆記》曰：李注：「《莊子》曰：列子御風而行，泠然善也。」今此注「列子禦風冷然者風仙也」十字，亦五臣注，且改「御」為「禦」、改「泠」為「冷」，尤謬。

【疏證】

尤本作「御」。奎本以下諸六臣合注本並無此十二字。謹案：《莊子》，見《逍遙遊》篇。正作「御風」，《太平御覽》卷九、《古今事文類聚》前集卷三引並同。《說文·示部》：「禦，祀也。」段注：「後人用此為『禁禦』字。古只用御字。」此處必是用「御」，「御風」者，「乘風」也。毛本當涉下文「《漢書》曰：『列子名禦寇』」而譌。陳校當從《莊子》、尤本等正之。

何弦歌之綢繆　注：《毛詩傳》曰：綢繆，猶纏綿也。

【陳校】

注「毛」下，脫「萇」字。

【疏證】

奎本以下諸六臣合注本、尤本脫同。謹案：《毛詩》見《唐風·綢繆》，正為毛萇傳語。本書善注例作「毛萇《詩傳》」云云，本賦上文「披重壤以誕載兮」注、下條「婉順敘而委蛇」注引，即作「毛萇〔詩〕傳曰」云云。一篇之中，即有五見，餘不贅稱也。陳校據善注例補之，是也。

時劫掎以慷慨　注：《說文》曰：掎，徧引也。

【陳校】

注「徧引」。「徧」，作「偏」。

【疏證】

奎本以下諸六臣合注本、尤本悉作「偏」。謹案：《說文》，見《手部》，正作「偏」，本書《西都賦》「機不虛掎」注、曹子建《與楊德祖書》「掎摭利病」注引並同。此古人俗寫「彳」、「亻」不分，毛本從誤本，蓋佞古之累也。陳校當據《說文》、尤本等正之。

婉順敘而委蛇　注：毛萇傳曰：婉然，美貌，委蛇，聲長貌。鄭玄《毛詩箋》曰：委蛇，委曲自得之貌

【陳校】

　　注「毛萇傳」。「萇」下，脫「詩」字。

【集說】

　　胡氏《考異》曰：注「毛萇傳曰」下至「聲長貌」，袁本、茶陵本無此十三字。

【疏證】

　　尤本同。奎本以下諸六臣合注本並同袁、茶二本。謹案：鄭《箋》，見《召南・羔羊》。「委蛇」，既引鄭《箋》，則無須先引毛《傳》，況「委曲自得」與「聲長」之訓亦非同，更況未見毛《傳》有「聲長貌」之說。尤本或從誤本，毛本遞相誤踵，陳校亦疏，皆不核《毛詩》之故。當從六臣合注本刪此十三字。

翼若游鴻翔曾崖　注：《蒼頡篇》曰：嚶嚶，鳥聲也。《琴道》曰：操似鴻雁詠之聲。張衡《舞賦》曰。

【陳校】

　　注「操似鴻雁詠之聲」。「操」上脫「伯夷」二字、「詠」字衍、「聲」作「音」。

【集說】

　　余氏《音義》曰：「《琴道》曰」下，何增「伯夷」二字、刪下「詠」字、「聲」字改「音」。

　　胡氏《考異》曰：注「《蒼頡篇》曰」下至「詠之聲」。袁本、茶陵本無此十九字。又，袁有「似雁之音，已見上文」八字，在注末。茶陵本複出，非。尤本倒在上，益非。

　　梁氏《旁證》曰：何校「操」上添「伯夷」二字，刪「詠」字，「聲」改「音」。

【疏證】

　　尤本同。奎本、明州本無「倉頡」以下十九字。注末作：「似雁之音，已見上文。」贛本、建本無「倉頡」以下九字，複出《長笛賦》「又象飛鴻」注

「《琴道》曰：《伯牙操》似鴻鴈之音」十字，並移至「張衡」上，皆非也。謹案：前胡所見袁本，正祖奎本，茶陵本複出則從建本。本書下成公子安《嘯賦》「又似鴻雁之將雛羣，鳴號乎沙漠」注「似雁之音，已見《琴賦》」。「《琴賦》」，亦當改「上文」。

或攗挋擽捊　注：《爾雅》曰：攗，牽也。劉向《孟子注》曰：攗，牽也。

【陳校】

　　注「《爾雅》曰：攗，牽也。」按《爾雅》無此文，舊本無此六字為是。又「劉向《孟子注》」。「向」，作「熙」。

【集說】

　　胡氏《考異》曰：注「《爾雅》曰：攗，牽也。」袁本、茶陵本無此六字。

【疏證】

　　尤本有六字、作「熙」。奎本以下諸六臣合注本並無六字、作「熙」。謹案：既《爾雅》無「攗，牽也」之文，而下引劉氏《孟子注》恰有此訓，則「《爾雅》」六字為衍文，無可疑焉。毛本衍文，當誤從尤本。劉書，見《隋書·經籍志三》，作「《孟子》七卷。劉熙注。」劉向，未見有注《孟子》。又，劉書，屢見本書徵引，如何平叔《景福殿賦》「騶虞承獻」注等，因無關本條內容，不援。毛本從尤本等，傳寫因同姓而誤。陳校當從《爾雅》、《隋書》、尤本等正之。

若眾葩敷榮曜春風　注：古本葩字為花貌。郭璞曰：葩為古花字，合讀音于彼切。《字林》：音于彼切。張衡《思玄賦》曰：天地烟熅，百草含葩。鳴鶴交頸，雎鳩相和。以韻推之，所以不惑。

【陳校】

　　注「為花貌」。「貌」上有脫文。又「合讀」，作「今讀」。

【集說】

　　胡氏《考異》曰：注「古本葩字」下至「所以不惑」。袁本、茶陵本無此五十七字。

　　梁氏《旁證》曰：注「古本葩字為此莌」、郭璞：「《三蒼》為古花字」、

「今讀于彼切」。此尤本，文義多不可通。毛本「此莞」作「花貌」、「三蒼」作「曰葩」。段校改云：「古本葩字為蕍。郭璞曰：『蕍，古花字。今讀韋彼切。』」是也。

　　許氏《筆記》曰：「古本葩字為花貌。郭璞曰：『葩為古花字，合讀音于彼切。』」一本云：「郭璞曰：『葩，《三蒼》為古華字。』」本或作「蕍」。「《字林》：音于彼切」。非此之用也。嘉德案：此從一本校。

【疏證】

　　尤本「花貌」作「此莞」、「曰葩」作「三蒼」、「合」作「今」。奎本以下諸六臣合注本無此五十七字，是袁、茶本之宗祖。謹案：尤本作「今」是，其餘「文義多不可通」；毛本別有所出，亦不得要領。陳校二處，一疑一是，未能得其真諦。當依段校。參上《思玄賦》「百嵒含葩」條。

若夫三春之初　　注：班固《終南山賦》曰：一春之季。

【陳校】

　　注「一春之季」。「一」，作「三」。

【疏證】

　　奎本以下諸六臣合注本、尤本悉作「三」。謹案：《初學記》卷五「漢班固《終南山賦》」注引正作「三」，《古文苑》卷五載班賦同。本書謝靈運《登石門最高頂》「目玩三春荑」注、張景陽《七命（沖漠公子）》「晞三春之溢露」注引並作「三」。毛本從尤本而傳寫偶誤，陳校當從本書內證、尤本等正之。

度巴人　　注：又對曰：客有歌於郢中者，始曰巴人。

【陳校】

　　注「始曰巴人。」「曰」下，脫「下里」二字。

【集說】

　　胡氏《考異》曰：注「又對曰」下至「巴人」。袁本無此十四字，有「巴人，已見上文」六字，是也。茶陵本複出，非。

【疏證】

　　尤本同。奎本、明州本同袁本。贛本、建本複出同茶陵本。謹案：本書

《雜詩（昔我）》「巴人皆下節」注、陳孔璋《東阿王牋》「然後東野巴人」注引並複出。毛本誤從尤本，陳校或據贛、建二本補尤、毛之脫，然未能依善注例校正如奎本等，猶不免前胡斷斷之譏。

則《廣陵》《止息》　　注：然引應及傳者。

【陳校】

注「引應及傳」。「傳」，作「傅」。

【疏證】

奎本、贛本、建本誤同。明州本、尤本作「傅」。謹案：此承上文，謂應瑒、傅玄耳。毛本當誤從建本等，陳校當從上下文義、尤本等正之。

誠可以感盪心志，而發洩幽情矣　　注：《說文》曰：盪，除去也。

【陳校】

注「盪」作「洩」。

【集說】

梁氏《旁證》曰：注「《說文》曰：泄，除去也。」「泄」，當作「渫」。毛本「泄」作「盪」，是誤以釋「洩」為釋「盪」也。六臣本作「洩」。「洩」、「泄」、「渫」音義同。《說文》「盪」，自訓「滌器也」。

胡氏《箋證》曰：《旁證》云：「注泄，當作渫。……自訓滌器也。」紹煐按：正文當作「渫」，因避諱改為「洩」，五臣作「潩」，即「渫」之俗字。

【疏證】

尤本作「泄」。奎本以下諸六臣合注本並作「洩」。謹案：今本《說文·水部》，作「渫，除去也。從水枼聲，私列切。」李善所見當作「泄」。毛本蓋涉上正文「誠可以感盪心志」之「盪」而誤。梁氏曰「毛本泄作盪，是誤以『釋洩』為『釋盪』也」，其說是。陳校依正文及《說文》正之，是也。周鈔《舉正》正文祇錄上句之「感盪心志」，削去下句「而發洩幽情矣」，張冠李戴，其誤與毛本仿佛，蓋未究陳校。陳校亦祇是治標，不及本也。今姑疏之。正文下句，尤本作「洩」。五臣正德本、陳本作「渫」，奎本同，校云：善本作「泄」。

明州本作「澡」，校同奎本。贛本、建本作「洩」，校云：五臣作「澡」。五臣作「渫」，翰注可證。善本作「泄」，由正文作「洩」及奎本等引《說文》並作「洩」，可證。蓋「洩」與「泄」通，《廣韻·薛韻》：「泄，漏泄也。亦作洩。」又為「泄」之唐諱代字。渫，亦與「泄」同。本書《江賦》「渫之以尾閭」，注引「《莊子》：尾閭渫之而不虛」，《莊子》作「泄」。是其證。故五臣因取以異同善本。梁氏云：「洩、泄、渫，音義同」，是也。明州本以五臣作「澡」，後胡云：「五臣作澡，即渫之俗字」，其說亦是。「渫」之為「澡」，實亦與唐諱有涉。

萬石以之訥慎　注：《漢書》曰：景帝曰：石君及四子皆二千石，人臣遭寵，迺舉集其門，凡號奮為萬石君。

【陳校】

　　注「人臣遭寵。」「遭」，「尊」誤。又「凡號奮為萬石君。」「凡」，作「故」。

【集說】

　　余氏《音義》曰：「人臣遭」。「遭」，何改「尊」。

　　胡氏《考異》曰：注「人臣尊寵」。袁本、茶陵本無此四字。又曰：「迺舉集其門，凡號奮為萬石君。」袁本、茶陵本無「舉」字、「奮」字。

【疏證】

　　尤本作「尊」、有「舉」、作「凡」、有「奮」字。奎本以下諸六臣合注本無「人臣尊寵」四字。奎本無「舉」字、「凡」作「故」、有「奮」字。明州本作「善同濟注」，濟注未及。贛本、建本無「舉」、作「凡」、無「奮」字。謹案：《史記·萬石君傳》作「尊」、無「舉」、無「凡」、有「奮」字。《漢書》作「尊」、有「舉」、作「凡」、有「奮」字。尤本蓋從《漢書》、贛本等。毛本傳寫偶誤「遭」，餘從尤本，不誤。檢顏注云：「集，合也。凡，最計也，總合其一門之計五人為二千石，故號萬石君」，已明言《漢書》作「凡」也。陳校則獨取顏注中「故」字，以代「凡」字，與奎本闇合，亦得。按上下文義，「萬石君」本奮一人之稱，非四子得分用者，且《史》、《漢》並有，「奮」字不可無。

遊女飄焉而來萃　注：《烈女傳》曰：游女，漢水神。鄭大夫交甫於漢皋見之，聘之橘柚。張衡《南都賦》曰：游女弄珠於漢皋之曲。

【陳校】

　　注「烈女」。「烈」，作「列」。

【集說】

　　顧按：此見《列仙傳》，「女」是誤字也。

　　胡氏《考異》曰：注「《列女傳》曰」下至「於漢皋之曲」。袁本、茶陵本無此三十八字。

　　梁氏《旁證》曰：今《列女傳》無此語。按：本書注此事屢見。《南都賦》注引《韓詩外傳》，《江賦》注引《韓詩內傳》、《洛神賦》注引《神仙傳》，文雖小異，實一事也。此引亦當是「《列仙傳》」之誤。

　　徐氏《規李》曰：(《南都賦》) 注引《韓詩外傳》鄭交甫事。案：《外傳》無此文。李氏於《江賦》「感交甫之喪珮」，則云「《韓詩內傳》」，《蜀都》「娉江斐與神遊」，則云「《列仙傳》」，阮嗣宗《詠懷》「交甫懷環珮」，又云「《列仙傳》與《韓詩內傳》同。」《內傳》久散佚，不可考。今《列仙傳》僅存。見《規李·南都賦》篇。

【疏證】

　　尤本作「列女」，奎本以下諸六臣合注本並無此三十八字。謹案：語見《列女傳·阿谷處女》，作「孔子曰：『丘巳知之矣。斯婦人達於人情而知禮。《詩》云：南有喬木，不可休息。漢有游女，不可求思。此之謂也。』」祇釋「游女」二字。顧、梁二家說俱非也。尤本當別有所宗，毛本從尤本而改作「烈」。「烈」與「列」通，參上《羽獵賦》「鱗羅布烈」、《長笛賦》「激朗清厲」二條。陳校偶疏。從「顧按」至「《考異》」，可窺顧校前後變化跡。

感天地以致和　注：禮樂曰：聖人作樂以應天。

【陳校】

　　注「禮樂曰」。「樂」作「記」。

【疏證】

　　奎本以下諸六臣合注本、尤本悉作「記」。謹案：語見《禮記注疏·樂記》篇，固當作「記」。或單舉篇名作「《樂記》」亦得。本書屢見，如上篇《長笛

賦》「繁手累發」注及引「《樂記》曰：鄭衛之音」云云。毛本傳寫偶譌，陳校當據《禮記》、尤本等正之。

辭曰：愔愔琴德。

【陳校】

「辭曰」。「辭」，作「亂」。

【集說】

孫氏《考異》曰：「亂曰」。「亂」誤「辭」。

許氏《筆記》曰：何改「亂曰」。嘉德案：樂之卒章曰亂，如《關雎》之「亂」是也。古賦末皆有「亂」，總一賦之終，發其要旨也。《離騷》末「亂」注曰：「理也，所以發理詞旨，總撮其要也。」何改「辭」為「亂」一例。

【疏證】

諸《文選》本悉作「亂曰」。謹案：李冶《敬齋古今黈》卷七引此賦作「故嵇康《琴賦》其辭曰：『愔愔琴德』」云云，作「辭」，與毛本合。蓋元人習見之張伯顏翻尤本，乃毛本之近宗耳。陳校當據尤本等正之。

注：《韓詩》曰：愔愔，和悅貌。《聲類》曰：和靜貌。

【陳校】

注「《韓詩》」下，脫「章句」二字。

【集說】

胡氏《考異》曰：注「《韓詩》曰」下至「和靜貌」。袁本、茶陵本無此十四字。

【疏證】

尤本同。奎本以下諸六臣合注本並無十四字。謹案：《毛詩注疏·小雅·湛露》「厭厭夜飲」。《釋文》：「《韓詩》作：愔愔。和悅之貌。」「和悅之貌」既為《韓詩》「愔愔」之注釋，循例當有「章句」字。然，善於單引《韓傳》（訓詁）有全稱「薛君《韓詩章句》」及省稱「《韓詩》曰」二體。本條尤本即為省稱，毛本因仍不誤，故陳校亦不必補。至於本書左太沖《魏都賦》「愔愔醼讌」善注：「《韓詩》曰：愔愔夜飲。薛君曰：愔愔，和氣之貌也。」因善兼引《韓詩》經傳，與單引韓傳不同，則稱「《韓詩》曰……，薛君曰……」。與

本條非同一類型，故不得以此例本條爾。參上《西都賦》「周阿而生」條等。

笙賦一首　潘安仁

題下注：《周禮》：笙師掌教笙。鄭眾曰：笙，十二簧。《爾雅》曰：大笙謂之簧。郭璞曰：列管匏中，⋯⋯。《白虎通》曰：笙者，⋯⋯眾物之笙也。

【陳校】

注「十二簧」。「二」，作「三」。「又大笙謂之簧。」「簧」，作「巢」。又「列管匏中。」「匏」，作「瓠」。「眾物之笙」。「笙」，作「生」。

【集說】

胡氏《考異》曰：注「《周禮》」下至「十三簧」。袁本、茶陵本無此十四字。又曰：「《白虎通》曰」下至「眾物之生也。」袁本、茶陵本無此十五字。

朱氏《集釋》曰：標題下引《周禮》「笙師」注「鄭眾曰：笙，十三簧」、「《爾雅》曰：大笙謂之巢。」「巢」，今本誤作「簧」。

許氏《筆記》曰：題下注「十二簧」，當作「十三簧」；「大笙謂之簧」，當作「大笙謂之巢」。

【疏證】

尤本作「三」、「簧」，「匏」、「生」。奎本、明州本、建本作「簧」，「匏」。贛本作「巢」，餘同奎本等。謹案：《周禮》，見《笙師》，正作「三」。毛本從尤本而傳寫而誤，陳校當據《周禮》、尤本等正之。《爾雅》及郭注，見《釋樂》篇，字作「巢」、「瓠」。陳校當據此及贛本改「巢」，是也。然「匏」與「瓠」同。《說文·瓜部》：「瓠，匏也」是其證，且既非善與五臣之異，則「匏」字不改亦得。《白虎通》，見《禮樂》篇，正作「生」字。毛本蓋涉上文而譌，陳校當據《白虎通》、尤本等正之。

有汶陽之孤篠焉　注：杜預曰：文水，大山出萊蕪縣。《說文》曰：篠，水竹。

【陳校】

注「文水，大山出」。「出」字，當屬「水」字下。又「水竹」。「水」作

「小」。

【集說】

　　胡氏《考異》曰：注「杜預曰汶水」下至「小竹」。袁本、茶陵本無此十七字。

【疏證】

　　尤本「出」字，同誤在「山」下、作「小」。奎本、贛本、建本同袁、茶二本。明州本省作「善同翰注」。謹案：杜預注，見《春秋左傳注疏·僖公二年》「公賜季友汶陽之田及費」句下，云：「汶水出泰山萊蕪縣」，字正作「水出」。《說文》無「篠」有「筱」，見《竹部》：「筱，小竹也。從竹，攸聲。臣鍇按：《尚書》：『篠簜既敷。』今人作篠。」《爾雅·釋草》：「篠，箭」郝氏義疏：「篠者，《說文》作筱，云：『箭屬，小竹也。』」毛本從尤本「出」字誤在「山」下，而傳寫復誤「小」為「水」，陳校當據《左傳》、《說文》、尤本等正之。

統大魁以為笙　注：言其管各守一聲，以主相應總統也。

【陳校】

　　注「總統」二字，乙。

【集說】

　　胡氏《考異》曰：注「統物也」。茶陵本「物」作「摠」，是也。袁本亦誤「物」。

【疏證】

　　尤本誤「統物」。奎本、贛本作「統摠」，同茶陵本。明州本、建本作「統惣」。謹案：「摠」，與「總」同。《集韻·董韻》：「總、摠、緫、惣，祖動切。《說文》：『聚束也。』一曰『皆也。』或从手，古作緫、惣。「惣」，亦同「總」。《正字通·牛部》：「惣，同總。」本書《吳都賦》：「澶湉漠而無涯涘，惣有流而為長」，是其證。「惣」，係「摠」之俗字見《五音集韻·董韻》，尤、袁二本即因此「惣」字，傳寫脫下「心」旁而誤。毛本癖用古字而誤倒，陳校當從六臣建本、茶陵本等正之。

基黃鍾以舉韻　注：《漢書》：黃帝使伶倫取竹，斷兩節間而次之。

【陳校】

　　注「次之」，「次」作「吹」。

【疏證】

　　奎本以下諸六臣合注本、尤本悉作「吹」。謹案：《漢書》，見《律曆志上》，正作「吹」字。《玉海》卷六引同。本書張景陽《七命》「伶倫均其聲」注、王元長《三月三日曲水詩序》「追伶倫於巘谷」注引並作「吹」。毛本獨因傳寫形近而譌，陳校當據《漢書》、本書內證、尤本等正之。

翾翾岐岐　注：翾翾，《字林》：翾翾，初起也。岐岐，飛行貌。《漢書音義》曰：岐岐，將行貌。

【陳校】

　　注上「翾翾」二字衍。「《字林》」下，脫「曰」字。

【集說】

　　胡氏《考異》曰：注「《字林》：翾翾，初起也。」袁本、茶陵本無此七字。又曰：「《漢書音義》曰：岐岐，將行貌。」袁本、茶陵本無此十字。

【疏證】

　　尤本悉同。奎本以下諸六臣合注本惟有：「翾翾岐岐，飛行貌」，同袁、茶二本。謹案：前胡校實宗六臣合注本善注。今檢「翾翾岐岐」七字，蓋出蔡邕《篆勢》：「若行若飛，岐岐翾翾。」倘真為善注，不當沒其主名、書名，故亦有可疑。尤本注引《字林》，非為無稽，乃祖《韓詩外傳》卷九：「夫鳳凰之初起也翾翾，十步之雀，喔咿而笑之」云云，故尤本當自有來歷，未便輕芟。若此說不誤，則陳校刪上「翾翾」二字及添「曰」字，亦稱得宜。

先唱㘖以理氣　注：言將欲吹笙，咽中先㘖而理氣也。《說文》曰：㘖，咽也。

【陳校】

　　「唱」，當作「㘖」。

【疏證】

　　諸《文選》本咸作「㘖」。謹案：五臣作「㘖」，翰注可證。善本作「㘖」，

但據注引「《說文》」，亦可明。《說文》，見《口部》，正作「嘔」。《藝文類聚》卷四十四、《古今事文類聚》續集卷二十三引、《初學記》「晉潘岳《笙賦》」條注引亦作「嘔」。毛本獨傳寫形近而譌，陳校當據注文及尤本等正之。

勃慷慨以慅亮，顧躊躇以舒緩　注：慅亮，聲清也。《聲類》曰：慅，旦也。音留。《廣雅》曰：躊躇，猶慘也。

【陳校】

注「慅，旦也」。「旦」作「且」。「慅」音「聊」，音義並通，故《聲類》以「且」釋之。但此賦「慅亮」與《琴賦》「瀏亮」同義，則音「留」為是。《聲類》一條蔓引，可刪。又「猶慘也」。「慘」，「豫」誤。

【集說】

胡氏《考異》曰：注「慅亮」下至「猶豫也」。袁本、茶陵本無此二十一字。案：此蓋音與增多間雜者。

【疏證】

尤本作「旦」、「豫」。奎本以下諸六臣合注本並同袁、茶二本。謹案：檢上篇《琴賦》「進御君子，新聲慅亮」善注：「慅亮，聲清徹貌。亦與聊字義同。」濟曰：「言進用于君子，則新聲慅亮也。」下篇《嘯賦》：「嘈長引而慅留亮」善注「慅亮，聲清徹貌。」向曰：「慅亮，聲清也。」將本條比勘上下二篇，可有諸多發現：一，善注實作「聲清徹貌」，五臣向則為「聲清也」。以此觀照本條善注竟同《嘯賦》向注，故可判定此為後人以向注亂善，非善本原有。二，「慅亮」，上篇《琴賦》已有注，故依善例，既不應複出，亦不得如諸六臣合注本無注，本條當作「已見上文」始妥。三，《廣雅》見《釋訓》，正作「猶豫」。本條「《廣雅》曰」以下八字，因已見於《思玄賦》「擨若華而躊躇」注，其例亦當如「慅亮」，作「已見上文」。四，前胡云「此蓋音與增多間雜者」，深中其病，然所謂「增多」，大抵不出本書，當是「複出增多」，更合實際。五，陳云：「慅音聊，音義並通。」亦非杜撰，本出《琴賦》善注。陳校「且」、「豫」、刪《聲類》一條，就局部言皆是，然一如既往，不能得其大者。六，前胡說，能得其大，然不合陳校與袁、茶二本同是，而省稱引陳校也。

歌棗下之纂纂　注：《古咄喑歌》曰

【陳校】

注「《古咄喑歌》」。「喑」，作「唶」。

【集說】

余氏《音義》曰：「咄喑」。「喑」，何改「唶」。

胡氏《考異》曰：注「《古咄喑歌》曰」。何校「喑」改「唶」，陳同。是也，各本皆譌。

梁氏《旁證》同胡氏《考異》。

【疏證】

奎本、明州本、建本、尤本誤同。贛本作「唶」，獨是。謹案：《咄唶》，古樂府。檢《樂府詩集·雜曲歌辭》：「梁簡文帝：棗下何纂纂」下云：「《古咄唶歌》曰：棗下何攢攢」云云，正作「唶」。咄唶，聯語辭。本書《贈白馬王彪》：「自顧非金石，咄唶令心悲。」尤本等形近而譌，毛本誤從之，陳、何校當據《樂府詩集》、本書內證、贛本等正之。

夫其悽戾心酸

【陳校】

「戾」作「唳」。

【集說】

顧按：「戾」字不誤。

梁氏《旁證》曰：六臣本「戾」作「唳」。

【疏證】

尤本同。五臣正德本及陳本、奎本以下諸六臣合注本並作「唳」。謹案：《說文新附·口部》「唳，鶴鳴也。從口，戾聲。」丁福保《詁林》：「案：慧琳《音義》七十九卷五頁『唳』注引《說文》：『聲也。從口，戾聲。』蓋古本如是。今逸，宜據補。」唳，從戾得聲，字當可通。「淒唳」，亦作「淒戾」，鍾嶸《詩品》卷中：「其源出於王粲，善為悽戾之詞，自有清拔之氣」可證。五臣作「唳」，銑注可證。善作「戾」，尤本當有所宗，蓋六家合注本失校語耳。陳亦不得改從五臣焉。顧按是。

弛弦韜籥，徹塤屏箎　注：《廣雅》曰：長琴……。《爾雅》曰：大箎謂之笙。……郭璞曰：箎，竹為也。尺四寸，右翹，橫次之。大者，大一寸。《廣雅》曰：六、七孔也。

【陳校】

注「大箎謂之笙」。「笙」，作「產」。又「橫次之。大者，大一寸」、「六、七孔也」。「次」作「吹」、「大一」作「尺二」、「六七」作「八」。

【集說】

余氏《音義》曰：「橫次」、「大者」、「大一」、「六七」，何「次」改「吹」、「大」改「小」、「大一」，改「尺二」、「六」改「八」、刪「七」字。

胡氏《考異》曰：注「《廣雅》曰長琴」下至「六七孔也」。袁本、茶陵本無此一百十八字。

梁氏《旁證》曰：何校「為也」改「為之」。「次」改「吹」。「大者大一寸」，改「小者尺二寸」。「六」改「八」，刪「七」字。姜氏皋曰：「注中云：（一孔）上出『三寸分』，當是『寸三分』。何校未及」。

姚氏《筆記》曰：注引「郭璞曰：箎，竹為也。尺四寸。」「也」，改「之」，「尺」上增「長」字。「一孔上出三寸分」，「寸三」倒。《廣雅》曰：六、七孔也。」「六、七」誤，當作「八孔也。」

許氏《筆記》曰：「右翹」至末，當作「一名翹，橫吹之。小者尺二寸，《廣雅》云：八孔」。

【疏證】

奎本以下諸六臣合注本悉同袁、茶二本。尤本作「產」，與《毛詩注疏·邶風·簡兮》「左手執籥」孔疏引《爾雅·釋樂》合；作「吹」、「大者，大一寸」，作「小者尺二寸」、「六七」作「八」，則與《爾雅注疏·釋樂》邢疏合。邢疏云：「郭云：『箎，以竹為之。長尺四寸，圍三寸，一孔上出寸三分，名翹。橫吹之。小者尺二寸。』《廣雅》云：『八孔』，鄭司農注《周禮》云：『箎，七孔』，蓋不數其上出者，故七也。」謹案：若準之余氏《音義》所錄何校，「吹」下，周鈔《舉正》脫「大改小」三字。此點，陳校就「誤本」立說。何、梁、姜校咸從尤本、邢疏等。尤本或有別本所據。毛本宗尤本而有誤耳。

傾縹瓷以酌酃　注：《吳錄·地瑤志》曰：……以為酒，有名。

【陳校】

　　注「地瑤志」。「瑤」，作「理」。

【集說】

　　胡氏《考異》曰：注「《吳錄》」下至「以為酒有名」。袁本、茶陵本無此十四字。

【疏證】

　　尤本作「理」。奎本以下諸六臣合注本同袁、茶二本。謹案：張勃《吳錄》，見《隋書·經籍志二》：「《吳紀》九卷」注：「晉有張勃《吳錄》三十卷，亡。」尤本當有別本所據，毛本從尤本而傳寫偶譌。陳校當據尤本正之。

秋風詠於燕路　注：魏文帝《燕歌行》曰：秋風簫瑟天氣涼

【陳校】

　　注「秋風簫瑟」。「簫」，作「蕭」。

【疏證】

　　尤本作「蕭」。奎本善注及濟注並引「魏文帝」以下十四字作「蕭」，自明州本乃獨存濟注。贛本、建本同明州本，而濟注又誤為「簫」。當涉下傅玄《長簫歌》而誤中益譌。謹案：魏文帝《燕歌行》載在本書，正作「蕭」。毛本當誤從建本等，陳校當從本書內證、尤本等正之。

大不踰宮　注：《國語》：泠洲鳩對景王曰：……大不喻宮，細不過羽。

【陳校】

　　注「泠州鳩」。「洲」，作「州」。又「喻宮」。「喻」，作「踰」。

【疏證】

　　奎本以下諸六臣合注本、尤本悉作「州」、「踰」。謹案：「洲」，當作「州」，已見上班孟堅《幽通賦》「東鄰虐而殲仁兮」條。《國語》，見《周語下》，正作「踰」。但觀與下文之「過」相對為文，亦可證字當作「踰」。「州」、「踰」二字，毛本俱因音近而譌，陳校當從本書內證、《國語》、尤本等正之。

協和陳宋 注：《樂動聲儀》又曰：先魯後殷，新周故宋，然宋自俗也。

【陳校】

注「然宋自俗也」。「自」，當作「商」。

【疏證】

奎本以下諸六臣合注本、尤本悉作「商」。謹案：此毛本從尤本等，然獨傳寫因形近而譌，陳校當從尤本等正之。

嘯賦一首　成公子安

成公子安 注：臧榮緒《晉書》曰：成公綏，字子安，東郡人也。少有俊才，辭賦壯麗。徵為博士，歷中書郎。

【陳校】

注引臧榮緒《晉書》。按：李周翰引臧《書》曰：「子安有俊才而口吃，張華一見甚重之。時人以其貧賤，不重其人。作《嘯賦》，義見於文也。」與李注所引不同。

【集說】

梁氏《旁證》曰：翰注：「臧榮緒《晉書》曰：成公綏，字子安，東都白馬人也。少有俊才而口吃，張華一見甚善之。時人以其貧賤，不重其文。仕為中臺郎。」此與李注所引文字異同。

【疏證】

尤本同毛本。正德本、陳本並翰曰：「臧榮緒《晉書》曰：『成公綏，字子安，東郡白馬人也。少有俊才而口吃，張華一見甚善之。時人以其貧賤，不重其文。仕為中臺郎。作《嘯賦》，義見於文也。』」奎本翰注同，善注同毛本。明州本翰注同奎本，善注逕省作「善同翰註」，已抹殺善與五臣之異。贛本、建本惟居先「善同翰註」，餘同明州本。以六臣合注本翰注比勘周鈔《舉正》，可見：「子安」下脫「東郡白馬人也少」七字、「甚重」當作「甚善」、「其人」當「其文」之誤、「作《嘯賦》」上脫「仕為中臺郎」五字。大抵翰注因善注簡略而備引之，以求勝善，今漏譌甚多，其鈔工之過歟？

反亢陽於重陰　注：《說苑》曰：湯時大旱，……《靈寶經》曰：禪黎世界墜王有女字姓音，……與神人會於丹陵之舍，相林之下……遺朱宮靈童，下教姓音治災之術……於是能言。於山出，邀在國中，國中大旱……於是化形隱景而去。

【陳校】

　　注「相林之下」。「相」，作「栢」。「遺朱宮靈童」。「遺」，作「遣」。「出邀在國中」。「邀」，作「還」。

【集說】

　　胡氏《考異》曰：注「《說苑》曰：湯時」下至「於是化形隱景而去」。袁本、茶陵本無此一百八十六字。

【疏證】

　　尤本作「栢」、「遣」、「還」。奎本以下諸六臣合注本同袁、茶二本，無「《說苑》曰」下一百八十六字。謹案：《靈寶經》故事，亦見宋・張君房《雲笈七籤・石字》引《洞玄本行經》，正作「栢」、「遣」、「還」。陳校蓋從尤本等正之。

群鳴號乎沙漠　注：《字林》曰：鳴，聲也。……應劭曰：……傅瓚：沙土曰漠。……音訓同。

【陳校】

　　注「傅瓚」。「瓚」下，脫「曰」字。按：此與《洛神賦》注兩引《漢書》注，「臣瓚」，皆作「傅瓚」。疑「傅」是瓚姓也。

【集說】

　　何氏《讀書記》：注「傅瓚曰：沙土曰幕。」按：「臣瓚」，李氏亦謂之「傅瓚」，不獨小司馬《史記索隱》為然。

　　顧（廣圻）按：「傅瓚」，詳小司馬《索隱》。

　　胡氏《考異》曰：注「《字林》曰鳴」下至「音訓同」。袁本、茶陵本無此一百四十字。

　　胡氏《箋證》曰：「臣瓚曰」。自注：何氏焯曰：李氏亦謂之「傅瓚」云云。紹煐按：《漢書・杜周傳》注引「薛瓚曰」作「薛瓚沙土曰漠」。

【疏證】

　　尤本同作「傅瓚」。奎本以下諸六臣合注本悉無此一百四十字，當然亦無「傅瓚」六字。謹案：何校蓋依尤本言耳，然此一百四十字非善注，乃後人據《漢書・武帝紀》「（元朔六年）夏四月，衛青復將六將軍絕幕」應劭、臣瓚、顏師古注及他書附注而誤入。尤本不能正之。《漢書》亦作「臣瓚」。本書尤本善注引瓚注凡三十二處，惟《洛神賦》「采湍瀨之玄芝」，作「傅瓚（曰瀨湍也）」同，其餘三十處皆作「臣瓚」，即如班孟堅《封燕然山銘》「絕大漠」李善複引《漢書》此注，亦作「臣瓚曰」。李善既明引《漢書》，則還當以作「臣瓚」為宜。然則，何謂「李氏亦謂之傅瓚」，亦未盡然也。陳校「瓚」下補「曰」字，是。關於「臣瓚」其人，何校及顧按言及「小司馬《索隱》」，語詳裴駰《史記集解序》：「《漢書音義》稱：臣瓚者，莫知姓氏」注引《索隱》云：「按：即傅瓚。而劉孝標以為于瓚，非也。據何法盛《晉書》，于瓚以穆帝時為大將軍誅死，不言有註《漢書》之事。又其註《漢書》有引《祿秩令》及《茂陵書》，然彼二書亡於西晉，非于所見也。必知是傅瓚者。按《穆天子傳・目錄》云：『傅瓚為校書郎，與荀勖同校定《穆天子傳》』，即當西晉之朝，在于之前，尚見《茂陵》等書。又稱臣者，以其職典秘書故也。」然《索隱》論及于、傅二家外，別有「薛瓚」，見酈道元《水經注》，故顏師古以為「後人斟酌瓚姓，附之傅族耳。既無明文，未足取信。」顏注《漢書》，仍不冠姓氏。于、薛、傅三家之說，宋祁校《漢書・敘例》「臣瓚不詳姓氏及郡縣」有考。茲備錄如下，以資參考。宋祁曰：「景祐余靖校本云：『臣瓚不知何姓。』案：裴駰《史記序》云：『莫知姓氏。』韋稜《續訓》又言『未詳』，而劉孝標《類苑》以為『于瓚』，酈元注《水經》以為『薛瓚』。姚察《訓纂》云：『案《庾翼集》：于瓚為翼主簿兵曹參軍，後為建威將軍。』《晉中興書》云：『翼病卒，而大將于瓚等作亂。翼長史江虨誅之。』于瓚乃是翼將，不載有《注解漢書》，然瓚所采眾家音義，自服虔、孟康以外，並因晉亂湮滅不傳江左。而《高紀》中，瓚案《茂陵書》，《文紀》中，案《漢祿秩令》，此二書亦復亡失，不得過江。明此瓚是晉中朝人，未喪亂之前，故得具其先輩《音義》及《茂陵書》、《漢令》等耳。蔡謨之江左，以瓚二十四卷散入《漢書》今之注也。若謂為于瓚乃是東晉人，年代前後了不相會。此瓚非于，足可知矣。又案《穆天子傳・目錄》云：『祕書校書郎中傅瓚校古文。』《穆天子傳》曰：『記《穆天子傳》者，汲縣人不準盜發古塚所得書，

今《漢書音義》臣瓚所案，多引《汲書》以駁眾家訓義。』此瓚疑是傅瓚。瓚時職典校書，故稱臣也。顏師古曰：『後人斟酌瓚姓，附之傅族耳。既無明文，未足取信。』」明人方氏《通雅·姓名》注「臣瓚姓傅」，復引《墨莊漫錄》曰：「校書郎中傅瓚乃荀公曾、和嶠所部，校《穆天子傳》官屬也，故取此《傳》以注《漢書》曰『臣瓚』。曾飯彥和亦云云。可為確証。」然並不足以破顏師古「既無明文，未足取信」之說。至於宋祁未及駁議之薛瓚，清人徐文靖《管城碩記·通雅》篇（引方氏說後）論其人云：「酈道元注《水經·濰水》下引薛瓚《漢書集注》云：『博昌有薄姑城。』《河水》下，引薛瓚《漢書集注》云：『《秦世家》以垣為蒲反。』《巨洋水》下，引薛瓚《漢書集注》云：『按《汲郡》古文，相居斟灌東郡灌是也。』《晉書·苻堅傳》：『太原薛瓚略陽，權翼見而驚曰：非常人也。』則薛瓚，太原人也。溫公《通鑑》：『苻堅以薛瓚與王猛同掌機密。晉穆帝永和八年，太原薛瓚下，史炤釋曰：瓚，圭瓚也。』胡身之曰：『薛瓚，人姓名。』則瓚，穆帝時人也。」聊備異聞。

隨事造曲

【陳校】

「事」，《晉書》作「時」。

【集說】

梁氏《旁證》曰：《晉書》「事」，作「時」。誤也。

姚氏《筆記》曰：何云「事」，《晉書》作「時」。

【疏證】

諸《文選》本悉同。《敦煌·英藏本》S.3663同。謹案：殿本《晉書》本傳、《藝文類聚》卷十九、《古今事文類聚》後集卷二十一亦同，惟見《佩文韻府》卷二十四之二「因形」注作「時」，當出何據本《晉書》本傳。毛本當從尤本等，未知陳、何校所據《晉書》為何本。

蕩埃藹之溷濁

【陳校】

「藹」，作「靄」。

【集說】

孫氏《考異》曰：「藹」，《晉書》作「靄」。

胡氏《考異》曰：「蕩埃藹之溷濁。」袁本、茶陵本「藹」作「靄」。案：《晉書》作「靄」字。未審善果何作。

梁氏《旁證》曰：六臣本「藹」，作「靄」。《晉書》亦作「靄」。

胡氏《箋證》曰：本書《西都賦》「軼埃壒之溷濁」。善注引許慎《淮南子》注曰：「壒，埃也。」「壒」，與「壒」同。然則，「藹」，亦「壒」之借音也。

黃氏《平點》曰：「蕩埃藹之溷濁」句，據《晉書》及別本「藹」改「靄」。

【疏證】

《敦煌·英藏本》S.3663、尤本同。五臣正德本及陳本、奎本以下諸六臣合注本並作「靄」。謹案：五臣作「靄」。良注可證。前胡云「善果何作？」檢本書陸士衡《挽歌》：「悲風徽行軌，傾雲結流靄」善注：「《文字集略》曰：靄，雲雨收也。藹與靄，古字同。」善校「藹與靄，古字同」，即謂陸詩「藹」與《文字集略》「靄」古同。可證陸詩「流靄」，當從「艸」，否則，善校為無的放矢。今由陸詩可推本條善亦作「藹」。此推切合五臣求異以掩襲善之慣伎，可釋前胡之疑。毛本從尤本不誤。奎本等六臣合注本並失校語，陳校或從《晉書》本傳，實以五臣亂善，非，前胡亦偶疏檢本書內證。

坐盤石　注：《聲類》曰：盤，大石也。

【陳校】

「坐盤石。」「盤」，作「磐」。注同。

【集說】

梁氏《旁證》曰：《晉書》「盤」，作「磐」。

【疏證】

諸《文選》本咸作「盤」，尤本並注同。《敦煌·英藏本》S.3663 亦作「盤」。謹案：五臣作「盤」，翰注可證，善本作「盤」，引《聲類》已明。本書《古詩十九首·明月皎夜光》：「良無盤石固，虛名復何益？」善本並注引《聲類》與本條同。《正字通·石部》：「磐，亦作盤」。是「磐」與「盤」通。《晉書》本傳作「磐」，亦得。是《文選》固作「盤」、《晉書》自作「磐」。毛本從尤本等不誤，陳、梁不必以《晉書》改《選》焉。

蔭修竹之蟬蜎

【陳校】

「蟬蜎」，五臣作「嬋娟」。

【疏證】

《敦煌・英藏》本 S.3663、尤本同。五臣正德本、陳本作「嬋娟」，奎本以下諸六臣合注本同，校云：善本作「蟬蜎」。謹案：《晉書》本傳作「蟬蜎」。五臣作「嬋娟」，從「女」，向注可證。本書左太沖《吳都賦》「欂櫨蟬蜎」注、木玄虛《海賦》「腰眇蟬蜎」注，並作「蟬蜎」字，足證善注從「虫」。「蟬蜎」本聯綿字，故從「女」、從「虫」皆得，然本條既善與五臣有別，陳自不得以五臣亂善。

音均不恒 　注：均，古韻字也。《鶡冠子》曰：五聲不同均，然其可喜一也。晉灼《子虛賦注》曰：文章假借，可以協韻。均，與韻同。

【陳校】

「音均不恒。」「均」，五臣作「韻」。

【集說】

顧按：五臣誤。「均」，正字；「韻，俗字。」

【疏證】

《敦煌・英藏本》S.3663、尤本同。五臣正德本、陳本作「韻」。奎本、明州本同，校云：善本作「均」。贛本、建本作「均」，校云：五臣作「韻」。謹案：《晉書》本傳亦作「均」。韻，後起字，始於魏晉間。善注已云「均，古韻字也」，陳校何必複羅五臣字？此亦五臣求異李善之例。毛本當從尤本等，不誤。

聲激嚁而清厲 　注：激嚁，清淚貌。

【陳校】

注「清淚」，作「聲疾」。

【集說】

姚氏《筆記》曰：注「清淚」，改「聲疾」。

【疏證】

尤本作「清疾貌」。奎本以下諸六臣合注本作「疾貌」。謹案：《集韻·錫韻》：「皪，聲也。」

五臣銑注：「皪，聲速也。」「聲」為中心詞，不當無。故當以陳校為得，姚氏同。毛本蓋從尤本而又誤為「淚」字。

王豹杜口而失色　注：《莊子》曰：見天子之失色。

【陳校】

注「見天子」。「天」作「夫」。

【集說】

余氏《音義》曰：「見天」。「天」，何改「夫」。

【疏證】

奎本以下諸六臣合注本、尤本悉作「夫」。謹案：語見《莊子·胠篋》，原文作：「弟子曰：向之人何為者邪？夫子（子貢）何故見之變容失色，終日不自反邪？」此毛本形近而譌。陳、何據《莊子》、尤本等正之。

孔父忘味而不食　注：《論語》曰：子在齊聞韶，三月不知肉味。孔安國曰：不圖為樂之至於斯。……王肅曰：……此，齊也。

【陳校】

注「孔安國」三字。衍。

【集說】

胡氏《考異》曰：注「孔安國曰」下至「此齊也」。袁本、茶陵本無此四十六字。

【疏證】

尤本衍、誤同。奎本同袁、茶二本。明州本、贛本、建本省作「善同（建本誤「曰」）向注」。謹案：語見《論語注疏·述而》，作：「曰：不圖為樂之至於斯也」。「不圖」上有一「曰」字，明是孔子語，非孔安國注。本書應休璉《與從弟君苗君胄書》「雖仲尼忘味於虞韶」注引，即作孔子語。毛本誤從尤本，陳校當從《論語》、本書內證等正之，然陳亦就誤文為說耳。

乃知長嘯之奇妙 注：《晉書》：阮籍，字嗣宗。陳留曰氏人。……乃登之嘯也。

【陳校】

注「曰氏」。當作「尉氏」。

【集說】

胡氏《考異》曰：注「《晉書》阮籍」下至「乃登之嘯也」。袁本、茶陵本無此七十九字。

姚氏《筆記》曰：賦末注「《晉書》：阮籍，字嗣宗，陳留曰是人」，改「尉氏人」。

【疏證】

尤本作「尉氏」。謹案：《晉書》，見《阮籍傳》，正作「尉氏」。本書阮嗣宗《詠懷詩十七首》作者下注引「臧榮緒《晉書》」亦作「陳留尉氏人也」。毛本傳寫偶誤，陳校當從《晉書》、本書內證、尤本等正之。

文選卷十九

賦癸　情　注：情者外染也，色之別名。於是最末，故居於癸。

【陳校】

　　注「於是最末」。「是」作「事」。

【集說】

　　胡氏《考異》曰：注「事於最末」。袁本、茶陵本「事於」作「於是」。何校改「於事」。

　　梁氏《旁證》曰：「於是最末。」何校「是」改「事」。尤本作「事於最末」，誤也。

【疏證】

　　奎本以下諸六臣合注本悉同。尤本作「事於」。謹案：尤本謬。審上下文義，陳、何校似是，然「是」、「事」音近，多見明清人借「是」為「事」者，如吳偉業《梅村集・何季穆文集序》：「當是之時，有不好經生章句，而談國是、人才、邊情、水利，鑿然欲見諸施行者」。不僅明清，今檢宋人已有此現象。《七國春秋平話》卷中：「孫子曰：特來講和一件是。樂毅曰：何是也？」是其證。毛本當從六臣建本等，故陳、何不改亦得。

高唐賦一首　宋玉

妾巫山之女也　注：《襄陽耆舊傳》曰：復遊高唐。

【陳校】

　　注「復遊高唐。」「遊」下，脫「於」字。

【疏證】

　　尤本同。奎本以下諸六臣合注本並有「於」字。謹案：依上文有「楚懷王遊於高唐」有「於」字例之，當以有「於」為勝。毛本當從尤本，陳校當據諸六臣合注本、上下文義補之。

高丘之阻　注：阻，險也。

【陳校】

　　「高丘之阻。」「阻」作「岨」。注同。

【疏證】

　　尤本並注同。五臣正德本、陳本作「岨」，奎本以下諸六臣合注本同，然注作「阻」。謹案：「阻」與「岨」同。《集韻·語韻》：「阻、岨：壯所切。《說文》：險也。或从山。」《韻府羣玉·六語》：「阻，或作岨。《高唐賦》：『高丘之岨。』」所援正是本賦。《後漢書·南蠻西南夷傳》：「道路悠遠，山川岨深」，《漢書·司馬相如傳》：「道里遼遠，山川阻深。」並是其證。毛本蓋從尤本，陳校不必改焉。

暐兮若松橚　注：暐，茂貌。如暵瞗也。

【陳校】

　　注「暵瞗也」。「暵瞗」二字，疑。

【集說】

　　胡氏《考異》曰：注「如暵瞗也」。袁本、茶陵本無此四字。陳云：「暵瞗二字疑。」今案：無四字，是也。字書不見「暵瞗」。考五臣云「如松栽也」，或誤入，但亦非「暵瞗」。袁、茶陵二本為不誤。

　　張氏《膠言》曰：陳校云云。胡中丞云：「字書不見暵瞗。考五臣云：「如松栽也」，或誤入，但亦非暵瞗。」雲璈按：今《字典》有「暵」字。引《管

子‧五行篇》「貨暐神廬」注「日所次隅曰暐」。音未詳。然亦非其義。「瞷」，並無其字。

朱氏《集釋》曰：案：「如暐瞷也」四字。胡氏《考異》謂：「袁本、茶陵本無之。字書不見暐瞷。」今考「暐」字，見《管子‧五行篇》「貨暐神廬」注「日所次隅曰暐。」其義絕異。「瞷」，則直無其字。不解後人何以竄入此語？

胡氏《箋證》曰：《考異》曰：「暐瞷二字，字書不見。誤入也。」紹煐按：暐，見《管子‧五行篇》注「日所次隅曰暐」。而瞷字，無考。

許氏《筆記》曰：注「如暐瞷也」。《字書》無「暐瞷」二字。未詳。嘉德案：袁氏、茶陵六臣本無此四字。陳云「暐瞷二字，疑。」嘉德謂：誤入，當削。

【疏證】

尤本同。奎本以下諸六臣合注本同袁、茶二本。謹案：「暐瞷」，陳校疑之，前胡說亦無確證。字當從「月」，作「膭膩」。四庫毛本作「膭膩」，是一證。《類篇‧肉類》卷十二：「膭，徒紺切。一曰：『膭膩，肥皃。』」《集韻‧覃韻》：「醰、膭，厚味。或作膭膩。」目與月，刻本多見混淆。善注蓋謂朝雲始出，茂盛肥厚若松樗也。又，殿本《管子》作「暐」字從日，從日與從目之「暐」，當通。觀從目與所對應之「曙」同。或「日」正而從「目」者為借字，故張氏《膠言》正從「日」。毛本當從尤本，尤本別有所據，而傳寫誤作目旁。陳校疑之，可也，若如六臣合注本，刪之，則不可。

忽兮改容，偈兮若駕駟馬　注：《韓詩》曰：偈，桀庭也。疾驅貌。

【陳校】

注「《韓詩》」下，脫「章句」二字。

【集說】

胡氏《考異》曰：注「《韓詩》曰」。何校「詩」下添「章句」二字。陳同。今案：此所脫，無以訂之。

梁氏《旁證》曰：何校「曰上」添「章句」二字。陳同。

胡氏《箋證》曰：注引當是《衛風‧伯兮章句》。《玉篇》「偈，武貌」，引《衛風》「伯兮偈兮」，今《毛詩》作「朅」。

【疏證】

奎本作「毛詩」。明州本作「韓詩」，贛本、尤本、建本從之。謹案：自王應麟據所見本《文選》注作「《韓詩》」，輯入其《詩攷‧韓詩‧伯兮》以來，宋以降，治《詩》家如范家相，選學家則如何、陳師弟、後胡等並信奉不疑。然自范氏誤解《經典釋文》有關內容，何、陳遞相欲補「章句」二字，迄後胡則逕稱「注引當是《衛風‧伯兮》章句」矣。詩家容後論，選學家則豈不知欲補此二字，必先確定其前提為《韓詩》者乎？然而，竊以為確定為《韓詩》若依本條善注組成四句而言，有四大障礙：一，六臣合注本始祖奎本原作「《毛詩》」，是明州本始改為「《韓詩》」者。未知所據。二，本條注作「偈」者，未必定是《韓詩》，蓋古本《毛詩》，亦作「偈」，非如今本所見為「朅」。後胡所言及之《玉篇‧人部》：「偈，近烈切。武兒。《詩》曰：伯兮偈兮」云云，可證。三，所謂《韓詩》之訓「桀俊也」，除上引詩家范、選家三數家外，未見他家文獻援引，而毛《傳》所訓「武兒」，則《玉篇》所見古本與今本《毛詩》無二致。四，注引「疾驅貌」，見《毛詩注疏‧檜風‧匪風》：「匪車偈兮」毛《傳》：「偈偈疾驅，非有道之車」，然則，「疾驅」明為毛《傳》。清‧沈炳震《九經辨字瀆蒙》卷十「偈：《匪風》：『匪車偈兮。』毛《傳》：『偈，疾驅貌』」，亦如此說。而亦未見他文獻有載為《韓詩》者。凡此四大障礙，皆是「《韓詩》」說之難解之癥結，相反，其中一、二、四三項，卻都是「《毛詩》」說之憑證。最後，言范氏之誤解。范說，見其《三家詩拾遺‧伯兮》，云：「伯兮朅兮邦之桀兮」，《韓詩》「朅，作偈。」《傳》曰：「偈，桀挺也。疾驅貌」，末自注云：「《釋文》」，便是其立說之根據。然今考《經典釋文‧毛詩音義‧匪風》，惟見云：「偈兮自注：起竭反，疾也。疾驅自注：丘遇反，又如字」。文及注並無「韓詩」字樣，故乃范誤讀。與此相反，以「疾」釋「偈」，義與《毛詩‧匪風》訓正同，足證《釋文》此條確為《毛詩》，而非范注所謂「韓詩」者也。毛本當誤從尤本等。陳校亦非，蓋縱為《韓詩》，觀其單引訓詁例屬省稱，亦不必加「章句」字，說已見上《西都賦》「周阿而生」條。

廣矣普矣　注：廣，間也。

【陳校】

注「間也」。「間」作「閒」。

【疏證】

尤本作「閒」。奎本、明州本作「閟」，贛本、建本作「闃」。謹案：贛本、建本最是。《莊子‧外物》：「胞有重閬」郭象注：「閬，空曠也」，成玄英疏：「閬，空也。」是其證。尤本等形近而誤，毛本當誤從尤本等，陳校亦非。此亦前胡《考異》，漏錄漏校之例。

翕湛湛而弗止 注：弗止，謂不常靜或行。

【陳校】

注「或行」下，有「也」字。

【疏證】

奎本「靜」上亦有「或」字，自明州本脫，贛本、尤本、建本皆踵其誤矣。謹案：奎本是也。毛本當誤從尤本等，陳校亦非。前胡《考異》不能辨。亦不能正陳校之失例。

礫磥磥而相摩兮 注：相摩，言水急石流，自相摩蠣。

【陳校】

注「自相摩蠣。」「蠣」，作「礪」。

【集說】

姚氏《筆記》曰：注「摩厲」。「厲」旁增「石」。「沬潼潼而高礪」。「礪」去「石」旁。

【疏證】

奎本以下諸六臣合注本、尤本悉作「礪」。謹案：《說文‧厂部》：「厲，旱石也。從厂。蠆省聲。力制切。䍙，或不省。」然則，「䍙」為「厲」之或體。「蠣」又為「䍙」之或體，「礪」則為「厲」之後起字，故「䍙」、「厲」、「礪」、「蠣」四字皆同。毛本作「蠣」者佞古，非誤。當有來歷，陳、姚校並非。

乘渚之陽 注：巫山所臨之渚陽，水北暖，故魚鼈游焉。

【陳校】

注「水北」下，脫「也」字。

【疏證】

奎本以下諸六臣合注本脫同。尤本有「也」字。謹案：審上下文勢，「也」字不可脫。陳校當據尤本、文勢補之。

雙椅垂房　注：雙椅，椅，相屬也。

【陳校】

注「椅，相屬也。」「相」，作「桐」。

【疏證】

奎本、明州本、建本同。贛本、尤本作「桐」。謹案：《毛詩注疏·小雅·湛露》曰：「其桐其椅」，鄭箋云：「桐也，椅也，同類而異名。」然則，「相」字，必因形近而譌。尤本當從贛本。是也。毛本當誤從建本等，陳校則從《毛詩》、尤本等正之。

徙靡澹淡　注：澹淡，水波水文也。

【陳校】

注「水文」。作「小文」。

【疏證】

奎本、尤本作「水波小文」。明州本、建本作「水波，水紋也」、贛本作「水波紋也」。謹案：此陳校從尤本改，是也。「文」上「水」字，因形近而譌。

丹莖白蒂

【陳校】

「丹」，舊作「朱」。

【集說】

余氏《音義》曰：「丹」，何曰：「一作朱。」

胡氏《考異》曰：何校云：「丹，一作朱。」陳同。案：袁本、茶陵本「丹」作「朱」也。

梁氏《旁證》曰：六臣本「丹」作「朱」。

【疏證】

尤本同。五臣正德本及陳本、奎本以下諸六臣合注本悉作「朱」。《藝文

類聚》卷七十九、《海錄碎事》卷二十二下、《古今事文類聚》後集卷十二引悉同奎本等。謹案：吳棫《韻補‧五寘》「籥」注引作「赤」。丹、朱、赤訓皆同，尤本當有所宗，毛本當從尤本，陳校不必改。陳校所謂「舊本」，當六臣合注本。

長史隳官　注：《尚書》曰：股肱墮哉，萬事隳哉。

【陳校】

　　注「股肱墮哉。」「墮」，作「隋」。

【集說】

　　胡氏《考異》曰：注「隋哉，萬事」。袁本、茶陵本無此四字。案：此二本脫。

【疏證】

　　尤本作「隋」。奎本以下諸六臣合注本脫，同袁、茶二本。謹案：語見《尚書‧益稷》：「股肱惰哉，萬事墮哉。」孔傳：「叢脞，細碎無大略。君如此，則臣懈惰，萬事墮廢。」字作「惰」。檢《玉篇‧阜部》：「隋，懈也。」《說文通訓定聲‧隨部》：「隋，叚借為惰。」《睡虎地秦墓竹簡‧為吏之道》：「吏有五失：……四曰：善言隋行。」並是「隋」與「惰」通之證。然「墮」，亦通「惰」。本書《七發》「血脈淫濯，手足惰窳」注：「郭璞《方言注》曰：惰，懈墮也。」《荀子‧宥坐》：「今之世則不然，亂其教，繁其刑，其民迷惑而墮焉」，皆其證。毛本作「墮」，自有來歷，陳校必依尤改毛，泥也。

悠悠忽忽　注：言人神悠悠然遠，迷惑不分所斷。

【陳校】

　　注「不分所斷」。「分」，作「知」。

【集說】

　　姚氏《筆記》曰：注「不分所斷」。「分」，改「之」。

【疏證】

　　奎本以下諸六臣合注本、尤本悉作「知」。謹案：毛本獨因傳寫而誤，陳校當從尤本等正之。姚氏亦誤。

縱縱莘莘，若生于鬼，若出於神 注：縱縱莘莘，眾多之貌。《說文》曰：纚，冠織也。縱與纚同，所綺切。《詩》曰：魚在在藻，有莘其尾。毛萇曰：莘，眾多也。莘，所申切，字或作㴐。往來貌。若出於神。

【陳校】

注「縱縱」。「縱縱」誤。又「所申切」。「申」，作「巾」。又「若出於神」。四字衍。

【集說】

胡氏《考異》曰：注「《說文》曰纚」下至「若出於神」，袁本、茶陵本無此四十六字，有「言不可測知」五字。案：此尤添四十六字於「言不可測知」上，而傳寫者因遺落其元有之五字也，但所添不當。凡尤意專主增多，每類此。陳但謂「若出于神，四字衍。」未是。

姚氏《筆記》曰：注「若出於神」。何云：「校滅四字，宋本有。」

胡氏《箋證》曰：按：注「縱縱莘莘，眾多之貌。《詩》曰：『魚在在藻，有莘其尾。』毛萇曰：『莘，眾多也。』字或作㴐，往來貌。」按：此注經後人所改。當本引《小雅・皇皇者華》「駪駪征夫」傳「駪駪，眾多也自注：《國語》、《韓詩外傳》、《說苑》、《說文》並作莘莘」。善所據本作「莘莘」，後人見今本作「駪駪」，與此不合，遂以「莘莘，眾多貌」刪一「莘」字屬之《魚藻》，不知「莘尾」《傳》自訓「尾長貌」，不云「眾多」也。縱、莘一聲之轉，《古樂府・白頭吟》「魚尾何蓰蓰」，蓋即本詩之「有莘其尾」，「蓰」與「縱」同，「縱」又與「莘」通也。

【疏證】

尤本作「縱縱」、「巾」、有「若出於神」。奎本以下諸六臣合注本作「縱縱」不誤。無四十六字，同袁、茶二本。謹案：《詩》，見《小雅・魚藻》篇，作「魚在在藻，有莘其尾」傳：「莘，長貌。音義莘，所巾反。」後胡從文本立說，聲音佐之，其義似長，然亦未及「若出於神」四字之是非。何校滅四字，雖同陳氏，而尚有「宋本有」疑似不定之辭。前胡依諸六臣合注本去四十六字，又言傳寫復脫「言不可測知」五字，未免有增刪隨意之嫌，況且歸罪尤本，亦無根據。竊以四十六字，尤氏若非無本，亦無從加者。

箕踵漫衍　注：箕踵，前闊後狹，似箕。後，平貌。言山勢如簸箕之踵也。

【陳校】

注「後，平貌。」「後」，作「衍」。又「簸箕」。「簸」，作「簸」。

【疏證】

奎本以下諸六臣合注本、尤本悉作「衍」。尤本作「簸箕」，奎本以下諸六臣合注本惟有一「箕」字。謹案：毛本從尤本而傳寫「箕」上脫「簸」字、復誤「衍」作「後」，則又與文無照應。陳校正作「衍」、補「簸」，悉從尤本耳。

青荃射干　注：見《本草》。射干，一名烏扇，江東人為烏蓮，《史記》為射干，《漢書音義》曰。

【陳校】

注「江東人」。「江」上，脫「今」字。《史記》為」。「為」，作「曰」。

【集說】

胡氏《考異》曰：注「見本草」下至「《漢書音義》曰」，袁本無此二十五字。有「射干，江東為烏蓮」七字，茶陵本作「射干，烏蓮草也」六字。案：「蓮」，當作「葰」。《廣雅》：「烏葰，射干也。曹憲音所夾。」今本亦作「蓮」，其誤正同此。

【疏證】

尤本有「今」字、作「《史記》為」。奎本以下諸六臣合注本悉同茶陵本。謹案：準之袁本，尤本或有所據，與諸六臣合注本所據奎本不同。毛本從尤本而傳寫脫「今」字，陳校據尤本補「今」字，是，而改「《史記》為」作「《史記》曰」則亦非。「為」，與「謂」通，但觀本條上文「江東人為烏蓮」，足可證矣。前胡云：「蓮，當作葰。」今檢宋・唐慎微《證類本草》卷十：「射干，一名烏扇，一名烏蒲，一名烏翣。」《周禮・少儀》「手無容，不翣也」。《釋文》：「盧云：翣，扇也。」《淮南子・俶真》：「冬日之不用翣自注：音殺者，非簡之也。高誘注：翣，扇也。」又，《玉篇・艸部》「葰，所洽切」，而「翣」下音注「殺」，然則，「翣」與「葰」，音、義並同，二字通。正可佐證前胡之說。附識於此。

王睢鸝黃　注：《爾雅》曰：王睢。郭璞曰：雕類。今江東通呼為鶚。《詩》云：鳥鷙而有別者，……郭璞曰：一曰鶬鶊。《方言》曰：或為黧黃。……《地理志》曰：……有觀山。……昔有思婦赴北山，絕望愁思而死。

【陳校】

注「江東通呼為鶚」。「鶚」，作「鶚」。又，「《詩》云」。「詩」下，脫「傳」字。又「或為黧黃」。「為」，作「謂」；「赴北山」。「北」，作「此」。

【集說】

胡氏《考異》曰：注「《爾雅》曰王睢」下至「一曰鶬鶊」。袁本無此四十七字，有「王睢鸝黃已見上」七字，最是。茶陵本所複出不同，皆非。又曰：注「昔有婦登北山」。袁本、茶陵本「婦」上有「思」字，陳云「北，當作此。」各本皆譌。

梁氏《旁證》曰：「《詩》云：鳥鷙而有別者。」「《詩》」下當有「傳」字。此毛《傳》文。

【疏證】

尤本作「鶚」、脫「傳」、作「或謂」、誤「北山」。奎本作：「王睢鸝黃，已見上」、「或謂」、「思婦」、「此山」。明州本惟誤「北山」，餘同奎本。贛本複出，作「謂」、「此山」。建本惟誤作「北山」，餘同贛本。奎本最是，是袁本遠祖。毛本當從尤本，傳寫復誤「鶚」，陳校則從尤本，改「鶚」、補「傳」、改「此山」，皆是，然毛本作「或為」，不誤，已見上文，不必改。前胡說皆是。

當年遨遊　注：一本云：子當十年萬世遨遊。未詳。

【陳校】

注「子當十年」。「十」，作「千」。

【集說】

汪氏《理學權輿》曰：《高唐賦》又云：「『當年遨遊』，注曰：『一本云：子當十年萬世遨遊。』未詳。」

王氏《讀書志餘》曰：李注云：「一本云：『子當千年萬世遨遊。』未詳。」引之曰：「年，當為『羊』草書之誤也。當羊，即『尚羊』自注：尚，讀如常，古字假借耳。《楚辭·惜誓》：『託回飆乎尚羊』，王注：『尚羊，遊戲也。』正

與『遨遊』同義。或作『常羊』，並字異而義同。其一本作：『子當千年萬世
遨遊』，詞理甚紕繆，且賦文兩句一韻，多一句則儳互不齊。蓋後人妄改之
也。」

朱氏《集釋》曰：「當年遨遊」。《讀書志餘》云：「年，當為羊字之誤也」
云云。余謂：「常羊」，疊韻字。古《尤部》字與《肴》、《豪部》字通，故此處
「鳩」、「遊」、「流」與「巢」為韻，則「遨遊」亦疊韻，四字相稱。胡氏《考
異》於此不及，是各本皆同。善所云「一本」，不知何據。

胡氏《箋證》曰：注善曰：「一本云：『子當千年萬世遨遊。』未詳」。王
氏念孫曰：「年，當為『羊』字之誤也」云云。

【疏證】

奎本以下諸六臣合注本、尤本悉作「千」。謹案：此毛本獨作「十」，亦
誤。朱氏、後胡引王氏說甚得。本條「當」字之讀，王引之校得之。前胡未
及，朱氏開脫云「是各本皆同」。「年」字各本皆同，前胡不校，乃失察，此正
是前胡據守觭重版本之短，亦是不如二王處。後胡校《選》得力於「二人一
學」：二人者，顧（千里）王（念孫）；一學者，聲韻之學也。上「縱縱莘莘」
條及本條可窺一二。

赴曲隨流　注：赴曲者，鳥之哀鳴有同歌曲，故云赴曲；隨流者，隨鳥
知而成曲也。

【陳校】

注「故云」。「云」，作「言」。又「隨鳥知」。「知」，作「類」。

【疏證】

奎本以下諸六臣合注本、尤本悉作「言」、「類」。謹案：毛本作「云」，或
有所本，亦得；作「知」，則傳寫譌耳。陳校當據尤本等正之。

羨門高谿　注：《漢書·郊祀志》曰：充尚、羨門高最後，皆燕人。為
方令道，形辭銷化。王充尚、羨門高，二人。

【陳校】

注「充尚」。「充」，作「元」。又「為方令道」。「令」，作「仙」。「形辭銷
化」。「辭」，作「解」。「王充尚」。「王」字衍、「充」，作「元」。

【集說】

余氏《音義》曰：「充尚」、「方令」、「辭銷」。何「充」改「元」、「令」改「仙」、「辭」改「解」。

顧按：按《封禪書》是「充」字。

胡氏《考異》曰：注「《漢書·郊祀志》曰」下至「充尚、羨門高二人」，袁本、茶陵本無此三十二字。案：二本最是。此或駁善注「羨門高誓」之解而記於旁。尤延之誤取之也。

【疏證】

尤本誤並同。奎本以下諸六臣合注本悉無此三十二字。謹案：《漢書·郊祀志》正作「元」，「僊」、「解」；而《史記·封禪書》作「充」、「僊」、「解」。毛本誤從尤本，善所引是《漢書》，陳校乃據《漢書》改正，是也。前胡所謂「善注：羨門高誓之解」，蓋指注上文引「《史記》曰：秦始皇使燕人盧生求羨門、高誓」，善乃揣測正文「谿，疑是誓字」之譌。

上成鬱林，公樂聚穀　注：公，共也。人在山上作巢。

【陳校】

注「人在山上」。「人」下，脫「共」字。

【集說】

胡氏《考異》曰：注「人在山上作巢」。袁本、茶陵本「人」下有「共」字。案：此解正文「公樂」，當云「人共在山上作樂」，各本「樂」譌為「巢」也。

梁氏《旁證》曰：六臣本「人」下有「共」字。胡公《考異》曰：「此訓正文『公樂』」云云。

朱氏《集釋》曰：注「公，共也。人在山上作巢」。「巢」，當作「樂」。

【疏證】

尤本同。奎本以下諸六臣合注本並有「共」字。謹案：前胡說是。「共」字，蓋涉注上文「公，共也」而脫。朱校亦脫。毛本誤從尤本，陳校當從六臣合注本補之。

駉倉螭

【陳校】

「倉」，作「蒼」。

【疏證】

尤本同。五臣正德本及陳本、奎本以下諸六臣合注本作「蒼」。謹案：《藝文類聚》卷七十九引、《太平御覽》卷九百三十引並作「蒼」。五臣作「蒼」，翰注可證。檢本書揚子雲《甘泉賦》「駉蒼螭兮六素蚪」，注引本賦正作「蒼」；又《七命》「蚪踊螭騰」注引上《甘泉賦》文，亦作「蒼」，是善本亦作「蒼」，與五臣無別矣。然倉與蒼通。《說文通訓定聲·壯部》：「倉，叚借為蒼。」《毛詩·王風·黍離》「悠悠蒼天」釋文：「蒼，本亦作倉。」《禮記·月令》：「駕倉龍，載青旗。」並其證。毛本當從尤本，尤本當有所本。且並非五臣與善之歧，故陳校不必因六臣合注本、本書內證等改也。

冽風過而增悲哀　注：《字林》曰：例，寒風也。

【陳校】

注「例」作「冽」。

【集說】

胡氏《考異》曰：注「《字林》曰」。袁本、茶陵本無此三字。

張氏《膠言》曰：臧氏玉林云：「《詩·大東》：『有冽氿泉』，《傳》：『冽，寒意也。』正義：『《七月》云：二之日栗冽。是冽為寒氣也。《說文》：冽，寒皃。故字從仌。』今《說文·仌部》無冽。有瀨字，云：『寒也。從冰，賴聲。』據孔氏所引，知唐初《說文》本有冽字。古冽、瀨聲同，《說文》蓋以冽為正、瀨為重文。今本脫落，合始得之。李善注《文選·嘯賦》：『冽飄眇而清昶』，引『《字林》寒貌』，本《說文》也。《高唐賦》注作：『冽，寒風也』，風字誤。」見《膠言·嘯賦》「《說文》脫冽字」條下

梁氏《旁證》曰：臧氏玉林曰：「《詩·大東》：『有冽氿泉』，《傳》：『冽，寒意也。』《七月》正義引《說文》：『冽，寒皃。』是也。今《說文》有瀨、無冽。然據孔氏所引，知唐初《說文》本有冽字。古冽、瀨聲同，《說文》蓋以冽為正、瀨為重文也。瀨字云：『寒也』，則『冽』同，而不得云『寒風』也。」

　　許氏《筆記》曰：「洌」，何改「冽」。案：《復古編》云：「別作冽，從仌。非。」嘉德案：《說文·仌部》有瀨無冽。段本《說文》瀨改冽，云：「《毛詩》有冽無洌。『冽彼下泉』，《傳》曰：『冽，寒也。』、『有冽氿泉』，《傳》曰：『冽，寒意。』、『二之日溧冽』，《傳》曰：『溧冽，寒氣也』，皆不從水。今《詩》作栗烈，《疏》引作溧冽，是孔本作溧冽，陸《釋文》乃作栗烈也。《素問》云：『風寒冰冽』、李善注《高唐賦》引《字林》曰：『冽，寒風也』、《嘯賦》引《字林》曰：『冽，寒兒』、孔沖遠《大東》正義引《說文》有冽字，瀨下訓寒。《廣韻》、《玉篇》皆無之。是今本《說文》瀨字乃冽字之譌，顯然也。」又案：孔沖遠《大東》正義云：「《七月》曰：二之日溧冽，是冽為寒氣也。《說文》：『冽，寒兒。』故字從仌。」然則，孔見《說文》確有「冽」字，而鈕匪石斥孔引為未是，執矣。張謙中以為「別作」，亦未深究耳。又案：《膠言》引臧氏玉林亦據孔說云：「唐初《說文》有冽字，古冽、瀨聲同。《說文》蓋以冽為正、瀨為重文。今本脫落，合始得之。」

【疏證】

　　奎本、贛本、建本等正文同，作「洌」，注作「冽」。明州本、尤本並注作「洌」。五臣正德本、陳本作「冽」。謹案：明州本、尤本是，奎本等正文作「洌」，毛本注作「例」，並「冽」之俗譌字，古人傳寫「彳」、「冫」、「氵」多見不分者。如：「往」字，俗多作「注」。北魏《漢魏南北朝墓志集釋·元毓墓誌》：「送注而悲」（《石刻資料新編》，479 頁。臺北新文豐出版公司，1986 年版），是其證。文字學者稱之為「換旁俗字」，又稱「俗譌字」。換位思考，氵旁字俗寫亦當可換旁作彳（亻）。事實果然如此：《敦煌變文集·維摩詰經講習文》：「我只伇役去，定是菩薩識我。」（8 頁。人民文學出版社，1957 年版）此例中的「伇」是「沒」的俗譌（換旁）字，「只沒」猶言「這麼」，是唐五代俗語。「役」（伇）和「沒」的右旁，俗書都可作「殳」。又有「河」俗譌作「何」。如：《敦煌變文集·長興四年中興殿講經文》：「功德何沙算不窮」。（同上，423 頁。）又《維摩詰經講習文》：「我以超於生死，不住愛何」。（同上，631 頁。）「何沙」即是「河沙」、「愛何」即是「愛河」，皆是明證。俗譌字，非但民間從之如流，自唐及宋經典文獻，亦多見影響。即就上引《小雅·大東》「有冽氿泉」。《毛詩》及《傳》並從水，作「洌」。阮元《校勘記》云：「唐石經小字本、相臺本同，閩本同。明監本、毛本洌作冽。」故清邵瑛《說文解字群經正字》因有：「洌，今經典往往從仌作冽，雖宋本亦不免」卷二十一之嘆。雖所言

為「洌」正「冽」俗，然反之例亦同焉。本條毛本作「例」，蓋從俗譌，陳校當從尤本等正之。毛本注「《字林》曰」三字，則誤從尤本。奎本以下諸六臣合注本並無，前胡《考異》已論及。梁氏《旁證》，全襲張氏《膠言》。惟結末「瀨字云：寒也」云云，稍作節略、改寫而已。許嘉德引段、臧二家，亦如梁氏，未見心悟。

傳言羽獵，銜枚無聲　注：《漢書音義》李音曰：羽林騎士……《周禮》：銜枚氏，軍旅出役令……橫銜之。

【陳校】

　　注「李音」。「音」，作「奇」。又「軍旅出役令」。「出」，作「田」。

【集說】

　　余氏《音義》曰：「李音」。「音」，何改「奇」。

　　胡氏《考異》曰：注「《漢書音義》李奇曰」下至「橫銜之」，袁本、茶陵本無此四十七字。

【疏證】

　　尤本作「奇」、作「田」。奎本以下諸六臣合注本並無「《漢書音義》」以下四十七字；奎本、明州本有「銜枚，見《吳都賦》」。贛本、建本複出。謹案：《漢書・敘例》載「李奇，南陽人」，未見「李音」。此「音」、「奇」形近而譌；《周禮》見《司寇・銜枚氏》，正作「田」。毛本從尤本等，而傳寫有誤，陳校當據《漢書》、《周禮》、尤本等正之，然引《周禮》，當如奎、明二本作「已見」例。

簡與玄服

【陳校】

　　「與」作「輿」。

【集說】

　　許氏《筆記》曰：「簡輿」。史亭云：「輿字疑衍。」案：簡輿，謂從車簡略，其義亦通。

【疏證】

　　諸《文選》本咸作「輿」。謹案：《古今事文類聚》後集卷十二引本賦正作

「輿」。明・陳第《屈宋古音義・高唐賦》:「簡輿玄服」注:「簡輿車,修法服。」此毛本獨傳寫因形近而譌耳,陳校當依尤本等正之。

神女賦一首　宋玉

其夜王寢,果夢與神女遇,其狀甚麗,王異之。明日以白玉。玉曰:其夢若何?王曰:晡夕之後,精神怳惚,若有所喜,紛紛擾擾,未知何意。

【陳校】

「王寢」、「白玉」諸字,當如沈存中,姚令威之說。

【集說】

《讀書記》:何校曰:「王字俱當作玉,玉字俱當作王。張鳳翼云。」又曰:「張鳳翼改定為玉夢,於文義自當,不可因其寡學而並非之。姚寬《西溪叢語》云:『楚襄王與宋玉遊高唐之上,見雲氣之異,問宋玉。玉曰:昔先王夢游高唐,與神女遇。玉為《高唐》之賦。先王,謂懷王也。是夜夢見神女,寤而白王,王令玉言其狀,使為《神女賦》。後人遂謂襄王夢神女,非也。今《文選》本玉、王差誤。』然則,張氏特攘令威昔言,矜為獨得耳。」又曰:「令威語又本沈存中《補筆談》。」葉刻同

余氏《音義》曰:「明日以白玉。」沈括《補筆談》:「『明日以白玉。』人君與其臣語不當稱白。又其賦既稱『王覽其狀』,即是宋玉之言。不知『望予帷而延視』者,稱『予』者誰。以此考之,則『其夜王寢夢與神女遇』者,宋玉也。『明日以白玉〔者〕』,以白王也。王與玉字互書之〔譌〕耳。」何曰:「姚寬《西溪叢語》云:楚襄王與宋玉遊高唐之上,見雲氣之異,問宋玉。玉曰:『昔先王夢游高唐,與神女遇。玉為《高唐》之賦。』先王,謂懷王也。是夜夢見神女,寤而白王,王令玉言其狀,使為《神女賦》。後人遂謂『襄王夢神女』,非也。今《文選》本玉、王差誤。」

汪氏《權輿》曰:宋玉《神女賦》千古傳誦,然於賦中王玉二字之譌,莫能辨也。惟沈存中《夢溪筆談》之《補筆談》有一條云:「《高唐賦・序》云:『先王嘗游高唐』,則夢神女者懷王也,非襄王也。又《神女賦序》曰:『楚襄王與宋玉遊於雲夢之浦,使玉賦高唐之事。』以文考之,所云『茂矣美矣』至『不可勝讚』云云,皆王之言也。宋玉稱嘆之可也,不可卻云:『王

曰：若此盛矣，試為寡人賦之。』又曰：『明日以白玉』，人君與其臣語，不當稱『白』。又其賦曰：『他人莫覩，玉覽其狀』、『望予帷而延視兮，若流波之將瀾』，若宋玉代王賦之。若玉之自言者，則不當自云：『他人莫覩，玉覽其狀』；既稱『玉覽其狀』，即是宋玉之言也，又不知稱『予』者誰也。以此考之，則『其夜王寢，夢與神女遇』者，王字，乃玉字耳；『明日以白玉』者，以白王也。王與玉字誤書之耳。前日夢神女者，懷王也；其夜夢神女者，宋玉也。襄王無預焉，從來枉受其名耳。」此條評論王、玉二字之譌，最為卓識。且賦但言「其狀甚麗」而已，而其意則歸於貞亮潔清，與《高唐賦》所言「思萬方，憂國害，開賢聖，輔不逮」者，同一諷諭之旨也。范《石湖詩小序》及《吳船錄》，又洪《容齋三筆》，皆嘗據賦以論後來詞客之譌，然亦不免俱以為見夢襄王矣。

孫氏《考異》曰：沈括《補筆談》云：「《高唐賦・序》云：先王嘗游高唐……從來枉受其名耳。」以上同《權輿》趙曦明云：「二賦，《高唐》之末曰：『王將欲見之』云云，《神女賦》[之]起曰：『其夜王寢，果夢與神女遇』，上下緊相承接，豈得欲見者是襄王，入夢者反不是襄王而是宋玉？《容齋五筆》所載，其謬固有不待辨而可明者。『調心腸』以下，復加『王曰』者，既答而復言，《語》、《孟》中皆有之。乃張鳳翼不悟其非，攘為己說。改第二第三第五第六，四『王』字為『玉』字，第三第四第五，三『玉』字為『王』字。義門老眼亦極口稱之，不管二賦文理承接云何，其可怪也！『白』以『告語』為義，上下可通。即如『錫』為『上錫下』之詞，而『師錫帝曰』，下亦用之於上矣。夢是王夢，賦是王使宋賦，所以少陵詩曰：『侍臣書王夢，賦有冠古才。』」

顧氏評校孫氏《文選考異》云：今考得五臣本與善本「王」、「玉」字相反，自來所說沈存中、姚令威大旨已得，但欠細分析。如侍御者，夢囈而已。見王氏《蛾術軒篋存善本書錄・甲辰稿》卷四，1409 頁。

胡氏《考異》曰：注「其夜王寢」。陳云：「『王寢』、『白玉』諸字，當如沈存中、姚令威之說。」案：何校亦云然。謂「玉」、「王」互譌也，說載《筆談》及《西溪叢語》。今考互譌始於五臣。(《考異》)又曰：注「王曰」。袁本、茶陵本「王」作「玉」。案：此二本失著校語。(《考異》)又曰：注「玉曰」。袁本、茶陵本「玉」作「王」，云：善作「玉」。案：二本與尤正同。然則，善、五臣「王」「玉」互換。此其明驗也。自「王寢」以下及後「王覽其狀」，皆當

如此。二本校語不備，尤本亦多以五臣亂善，賴存此一處可以推知致譌之由，為沈存中、姚令威疏通而證明之。讀者亦可以無疑矣。

張氏《膠言》曰：張鳳翼氏《纂注》：「《神女賦》中王字皆當作玉，玉字皆當作王。」何氏《讀書記》曰云云。雲璈按：何說是已。不知《叢語》所載，又襲沈存中《補筆談》，而非令威獨得也。且《筆談》之說較詳。云：「自古言楚襄王夢與神女遇，以《楚辭》考之，似未然。《高唐賦‧序》云：『昔者先王嘗游高唐，怠而晝寢，夢見一婦人曰：妾巫山之女也，為高唐之客。朝為行雲，暮為行雨。故立廟為朝雲。』其曰『先王嘗游高唐』，則夢神女者，懷王也，非襄王。又《神女賦序》曰：『楚襄王與宋玉遊於雲夢之浦，使玉賦高唐之事。其夜王寢夢與神女遇。王異之，明日以白玉。玉曰：其夢若何？對曰：晡夕之後，精神恍惚，若有所憙，見一婦人，狀甚奇異。玉曰：狀何如也？王曰：茂矣美矣，諸好備矣。盛矣麗矣，難測究矣。環姿瑋態，不可勝讚。王曰：若此盛矣，試為寡人賦之。』以文義考之，所云『茂矣』至『不可勝讚』云云，皆王之言也。宋玉稱嘆之可也，不可卻云『王曰：若此盛矣，試為寡人賦之。』又曰『明日以白玉』，人君於其臣不當稱白。又其賦曰：『他人莫睹，玉覽其狀』、『望予帷而延視兮，若流波之將瀾』，若宋玉代王賦之。若玉之自言者，則不當云『他人莫睹，玉覽其狀』；既稱『玉覽其狀』，即是宋玉之言，又不知稱『予』者為誰也。以此考之，則其夜王寢夢與神女遇，王字，乃玉字耳。明日以白玉者，以白王也。王與玉誤書之耳。前日夢神女者，懷王也。其夜夢神女者，宋玉也。襄王無預焉，從來枉受其名耳。」見《補》第四卷後。雲璈按：就「他人莫睹，玉覽其狀」二語，則通身之誤已見，固不待詳辨也。胡中丞云：「王、玉互譌，始於五臣。」

梁氏《旁證》曰：按：六臣本無「果」字。第一「王曰」作「王對曰」。此處存「對」字，已可尋王與玉互誤之跡矣。第二「王曰」，六臣本校云：「善作玉」，然則，李與五臣「王」「玉」互換，此又其明驗也。今尤本「王曰：狀何如也？玉曰：茂矣美矣」，二處尚不誤。

朱氏《集釋》曰：案：此處「王」「玉」二字，俱宜彼此互易。賦內「他人莫觀，王覽其狀」，「王」亦「玉」之誤。何氏焯以「張鳳翼《纂注》改定玉夢為當，實本姚氏《西溪叢語》。」張氏《膠言》則云：「《叢語》又襲沈存中《補筆談》，而《筆談》較詳。」今即其說核之。蓋謂「從來言楚襄王夢與神女遇，觀《高唐賦序》曰先王，則前日夢神女者，懷王也。此為玉夢，則其夜

夢神女者，宋玉也。襄王無與焉。」余謂：訂正此誤，沈在姚前，固然。但姚引《古樂府》云：「本自巫山來，無人覰容色。惟有楚懷王，曾言夢相識」，李義山詩亦云「襄王枕上元無夢，莫枉陽臺一片雲」，是昔人早已見到，並不始與存中也。且序於「王曰晡夕之後」，下無玉對語，何又接稱「王曰狀何如也？」其誤顯然，而他家未之及。

徐氏《規李》曰：此與《高唐賦》俱從楚襄王發端，而前篇夢屬懷王，此篇夢屬宋玉。篇中「王寢」、「王異之」、「王曰晡夕之後」、「王曰茂矣」，諸「王」字改「玉」；「白玉」、「玉曰其夢若何」、「玉曰狀何如也」，諸「玉」字改「王」。當是張鳳翼《纂注》不易之論。

胡氏《箋證》曰：沈括《筆談》云：「『明日以白玉』，人君於其臣不當稱白。……王與玉互書之譌耳。」《西溪叢語》云：「楚襄王與宋玉游高唐之上……今《文選》本王玉互誤」。紹煐按：《御覽》三百八十一引誤與此同。又曰：「王覽其狀」。「王」，亦當作「玉」。「私心獨說」四句，即序中「玉與神女遇也」。「玉覽其狀，其狀毣毣」，即序中「其狀甚麗也」。皆屬玉言，故上云「他人莫睹」。

許氏《筆記》曰：何云：「姚寬《西溪叢語》云：『宋玉夢神女而白王，王令玉言其狀，使為《神女賦》。後人遂謂襄王夢神女，非也。』自注：賦云他人莫覩，玉覽其狀。是謂玉夢審矣。今《文選》本玉、王差誤」云云。又曰：「令威語又本沈存中《補筆談》。」案：古字「一貫三為王」，「玉」字象「三王之連｜其貫」也。其體不殊，其讀則異。學者臨文施用，當自得之。《文選》古本當是並作「王」字。若如今本之誤，李氏豈有不加詳辯，待後人之指摘耶？古文「金玉」字作壬，今之「玉」字從古文省，故經典多作此「玉」。李陽冰乃謂「中畫近上王者，則天之義，則為『雨方切』之王；三畫正均如貫王，則為『魚欲切』之王。」此李陽冰之曲說也。嘉德案：「王夢」、「玉夢」各本不同。沈存中《筆談》云云。又《西溪叢語》云云。又陳氏云：「王寢、白玉諸字，當如沈存中、姚令威之說。」何氏《讀書記》云：「張鳳翼改定為玉夢，於文義自當，不可因其寡學而非之。」後之讀是賦者，乃皆知為玉夢矣。蓋王、玉二字古皆作王，後人加點作玉，因而溷誤。此最確論。胡氏《考異》云：「王、玉互譌，始於五臣」，然則，《神女賦》之定為玉夢，與襄王無涉，無疑也。又見孫氏志祖《考異》載趙曦明曰云云。趙說與諸家獨異。又案：茶、袁本無「果」字。

黃氏《平點》曰：「其夜王寢」句。或云當作「玉寢」，然則，夢神女者其玉也耶？若依先王所幸，襄王不應夢，則宋玉應夢之耶？不知「昔者先王」，宋玉固未嘗實指其為懷王，然則，朝雲之廟蓋亦遠矣。「明日以白玉」句。上告下亦可稱「白」，「白」，猶報也。沈存中、姚寬之誤，皆由不解此「白」字耳。趙舉「錫」字為例，侃舉「贛」亦是也。又，「王曰狀何如也」。據別本「王」改「玉」。又：「玉曰茂矣美矣」。據別本「玉」改「王」。下云「他人莫覩，王覽其狀」，正承此王言而說。又，「王曰若此聲矣」。此「王曰」，乃更端之詞。趙曰：「《語》《孟》中皆有之。」惟上王、玉二字互倒耳。蓋夢與神遇者王也，以狀告玉者亦王也。自下玉賦乃承王之命、因王之辭而賦之。諸校勘之家皆於此未能照了，故說多誤。前一「白」字，此一「王曰」，是疑誤之由。若知「白」字上下通文，等於詔贛；「王曰」更端常例，證在《易》《書》，則宜僚弄丸，兩難俱解。若作玉夢神女，則「試為寡人賦之」及「王見其狀」不可通。侃所說竟與趙曦明同。今夜覽孫志祖《文選考異》見之，為之一快。趙未知「先王」之非懷王。又，「王覽其狀」句，若作「玉覽其狀」，何云「試為寡人賦之」？

【疏證】

「玉」、「王」字之誤，諸《文選》本悉同。日古鈔卷十殘卷本及九條本不誤。見芳村弘道《靜嘉堂文庫所藏古鈔無注本文選卷十殘卷校讀記》，下同。「果」字，奎本、尤本同。明州本、贛本無。「王曰」，尤本同。「王」下，奎本、明州本、贛本、建本有「對」字。謹案：上諸選家大多從沈、姚、張（鳳翼）「玉夢」說。黃氏《平點》則同孫志祖引趙說。「玉夢」說，遂有趙、孫、黃三家先後之難，然則，「玉」、「王」之辨，亦尚未能定於一尊焉。審本條何校語氣，非出一時；「王字俱當」云云，為初校；引姚氏語，為二校；至引沈氏，則三校矣。朱氏《集釋》以發現「姚氏《叢語》襲沈存中」第一人，歸之張雲璈。非是。謹案：《讀書記》五十八卷本，刊於乾隆三十四年，已有此說，嗣后，刊於乾隆三十七年之葉刻《文選》，亦有迻錄，《膠言》行世在道光壬午二年，《自序》稱「從事幾三十年而後成」，即準此上推三十年，則初事亦在乾隆末（五十七年），時距《讀書記》、葉本二刻至少二十年矣。本條陳校亦足證首功當歸何氏。張雲璈之貢獻，唯在「見《補》第四卷後」一語耳。又，孫氏《考異》實為前胡、張氏分別徵引，欲窮其源者，當詳玩孫氏《考異》。論有清「選學」者，孫氏亦豈可因前胡而忽視哉！

襛不短　注：《說文》曰：衣厚貌。

【陳校】

注「《說文》曰」下，脫「襛」字。

【集說】

孫氏《考異》曰：「襛不短」。按《說文》曰：「衣厚貌」，字從衣。《詩》「何彼襛矣」，是也。今刻本誤「穠」。《洛神賦》「襛纖得衷」，同。

胡氏《箋證》曰：今《說文‧衣部》：「襛，衣厚也。」《五經文字》云：「襛，如恭反。從禾者譌。」按：此亦當為「襛」。《召南》「何彼襛矣」，《唐石經》為「襛」。襛為衣厚，引伸之，亦得為凡厚之稱。賦義是也。

【疏證】

奎本以下諸六臣合注本、尤本注「曰」下，悉有「襛（穠）」字。奎本正文「穠」，注「襛」，脫校語。建本同奎本，然有校云：五臣作「襛」。明州本、尤本文並注作「穠」，明州本無校語。獨贛本文與注並作「襛」，有校云：五臣作「穠」。謹案：五臣作「穠」，向注可證。檢《說文‧衣部》正作「襛」，云：「衣厚皃。從衣，農聲。《詩》曰：『何彼襛矣』」，足證善本從「衣」矣。贛本最得其實。襛與穠，古本通用。李冶《敬齋古今黈》卷八論唐‧羅鄴《牡丹詩》「辜負濃華過一春」兼及《詩‧何彼襛矣》云：「按《廣韻》襛、穠同音。襛，衣厚貌；穠，華多貌。然《詩》既言：棠棣、朴杜、桃李，則自當作穠，而作襛者，蓋古字通用。」李冶「古字通用」說有據，然今據善注，蓋善與五臣有別，毛本正文作「穠」，是以五臣亂善，然則，其誤不獨在注有奪字矣。陳校徒依正文補作「穠」，亦誤矣。孫氏、後胡二家當先論脫，後論是非始得。

宜持旁　注：旁，宜侍王旁。

【陳校】

「宜持旁」。「持」，作「侍」。

【疏證】

諸《文選》本咸作「侍」。謹案：五臣作「侍」，濟注可證。善本作「侍」，注亦已明。然「持」，古與「侍」通。《荀子‧榮辱》：「父子相傳，以持王公」，是其證。毛本從古，當有所出。陳氏不必據尤本等改焉。

澹清靜其愔嫕兮，性沈詳而不煩　注：澹，靜貌。愔，和也。嫕，淑善也。言志度靜而和淑也。不煩，不躁也。《聲類》曰：愔，〔已〕見《魏都賦》。嫕，已見《洞簫賦》，和靜貌。《韓詩》曰：嫕，悅也。《說文》曰：嫕，靜也。《蒼頡篇》曰：嫕，密也。

【陳校】

注「和也」下，舊本有「《韓詩》愔愔夜飲」六字。又「《聲類》曰」以下數十字，舊本無。

【集說】

余氏《音義》曰：「《聲類》曰」，何刪。

胡氏《考異》曰：注「《聲類》曰」，袁本、茶陵本無此三字。又曰：注「和靜貌」至「嫕密也」，袁本、茶陵本無此二十二字。

梁氏《旁證》曰：注「《聲類》曰」。六臣本無此三字，何據之校刪。

姚氏《筆記》曰：何校滅「《聲類》曰」三字。

許氏《筆記》曰：嘉德案：茶陵、袁氏六臣二本注無「《聲類》曰：嫕，悅也」至「嫕，密也」十九字，有「《洞簫賦》：其妙聲，則清淨厭㥷。注云：善本作瘱。《列女傳》注：瘱，深邃也」二十五字。……又汲古李注「聲類」作「《韓詩》」，段引《選》注亦作「《韓詩》」，又復不同。

【疏證】

尤本惟「嫕」作「嫕」外，餘並同。奎本以下諸六臣合注本悉無「《聲類》曰」三字。「和也」下「《韓詩》愔愔夜飲」六字，奎本、明州本、尤本並無，乃作「愔，已見《魏都賦》。嫕，已見《洞簫賦》，」贛本、建本則作：「《韓詩》曰：『愔愔夜飲』薛君曰：『愔愔，和悅之貌也。』《洞簫賦》曰：『其妙聲則清靜厭㥷』，注云：『善本作瘱。』《列女傳》注曰：『瘱，深邃也』」。謹案：「見《魏都賦》」語，絕不可能出自《聲類》。陳、何校逕刪，是也。「《韓詩》」六字與薛注，即複出「已見《魏都賦》」之內容，「《列女傳》注」云云，即複出「已見《洞簫賦》」之內容，六臣系統本之為蛇足，亦甚矣。下注「和靜貌」至「嫕密也」。前胡云：「袁本、茶陵本無此二十二字」，奎本以下諸六臣合注本並同。陳校則云：「《聲類》曰以下數十字，舊本無」，是謂並「愔，見《魏都賦》」以下十一字亦無，則可見本條陳所謂「舊本」，惟六臣系統本可當之。毛本當從尤本等。

神獨亨而未結兮　注：未結，猶未相著。

【陳校】

　　注「猶未相著」。「相」，舊作「根」。

【集說】

　　胡氏《考異》曰：「結，猶未相著。」袁本、茶陵本「結」上有「未」字。是也。

【疏證】

　　奎本以下諸六臣合注本並同。尤本作「相」同，然「結」上無「未」字。謹案：「相著」，即「相着」，相依附耳，本書善注三見「相著」字，如何平叔《景福殿賦》「駢田胥附」注：「羅列相著也。」然而，未一見「根著」，且上諸《文選》本，皆作「相」，故不從陳校。亦未知陳所謂「舊本」何指。「結」上「未」字，毛本當從六臣合注本，不脫。此陳校所以未及。尤本獨脫，當補。

登徒子好色賦一首　宋玉

復稱詩曰　注：司馬彪注《漢書・子虛賦》曰：復，答也。顏師古：復，音伏。

【陳校】

　　注「顏師古」下，脫「注」字。

【集說】

　　余氏《音義》曰：「師古」下，何增「注」字。

　　胡氏《考異》曰：注「司馬彪注《漢書・子虛賦》曰：復，答也。顏師古注：復，音伏」。袁本、茶陵本無此二十字，有「復，報也」三字。案：二本是也。凡此皆尤所添，皆非是。

【疏證】

　　尤本有「注」字。奎本以下諸六臣合注本悉無此二十字。謹案：尤當據別本補。顏注，未見《漢書》注，況善引顏注，例稱「顏監」，皆可為《考異》謂其非善注之佐證，陳、何並失察。

絜齋俟兮惠音聲 注：齋，莊也。言自潔貌矜莊矜而待惠音聲。

【陳校】

注「矜莊」下，衍一「矜」字。

【疏證】

奎本以下諸六臣合注本、尤本悉無下「矜」字。謹案：此毛本獨涉上而衍。陳校當依上下文義正之。

洛神賦一首　曹子建

曹子建 注：《記》曰：魏東阿王漢末求甄逸女既不遂，去祖回，與五官中郎將。……黃初中入朝，帝示植甄后玉鏤金帶枕。……言訖，遂不復見所在。遣人獻珠於五玉答以五珮。悲喜不能自勝，遂作《感甄賦》。後，明帝見之，改為《洛神賦》。

【陳校】

注「去」。作「太」。又「主鏤」。「主」，作「玉」。又「獻珠於五玉答以五珮」。上「五」作「王」，下「五」作「玉」。「玉答」。作「王答」。

【集說】

葉刻：何校：「《魏志》：后三歲失父，袁紹納為中子熙妻。曹操平冀州，丕納之於鄴下。安有子建嘗求為妻之事？小說家不過因賦中願誠意之先達二句，而附會之耳。示枕、賷枕，里巷之人所不為，況帝又猜忌諸弟，留宴從容，正不可得。『感甄』名賦，其為不恭，夫豈『酗酒悖慢，刧脅使者』之可比乎？」《離騷》「我令豐隆乘雲兮，求宓妃之所在」。植既不得於君，因濟洛以作為此賦，託詞宓妃以寄心文帝，其亦屈子之志也。自好事者造為「感甄」無稽之說，蕭統遂分類入於「情賦」，於是植幾為名教之所棄。而後之大儒如朱子者，亦不加察，於眾惡之餘，以附之楚人之詞之後，尤可悲也。不揆狂簡，稍為發明其意，蓋孤臣孽子所以操心而慮患者，猶若接於目而聞於耳也。

余氏《音義》曰：何曰：「《魏志》無子建求甄逸女事。」

孫氏《補正》曰：何曰《魏志》云云。

胡氏《考異》曰：注「《記》曰」下至「改為《洛神賦》」。此二百七字，

袁本、茶陵本無。案：二本是也。此因世傳小說有《感甄記》，或以載於簡中，而尤延之誤取之耳。何嘗駁此說之妄。今據袁、茶陵本考之，蓋實非善注。又案：後注中「此言微感甄后之情」，當亦有誤字也。

張氏《膠言》：何氏云：「按《魏志》：后三歲失父」云云，又云「按《離騷》我令豐隆乘雲兮」云云，已又云「蕭粹可《注太白詩》云：『《高唐》、《神女》之賦，宋玉寓言，《洛神》則子建擬之而作，惟太白知其託辭，而譏其不雅，可謂識見高遠者矣。』」雲璈按：何氏此解甚得其旨，然賦中子建自《序》，本只說是洛神，何由見其為甄后？既託辭洛神，決不明言感甄，其附會之謬，可不辨自明。總是當日媒孽其短者眾，欲以誣入其罪耳。亦賴《序》文甚明，帝亦無由罪植也。胡中丞據袁、茶本校之：「題下云云，實非善注。因世傳小說有《感甄記》，或以載於簡中，而尤延之誤取增多也。後注微感甄后之情句，當亦有誤。」

梁氏《旁證》曰：何曰云云。胡公《考異》曰：「六臣本『曹子建』下，並無李注。今本自『《記》曰』以下，至改為《洛神賦》二百七字，乃小說《感甄記》，尤誤取之。」

許氏《筆記》曰：「《記》曰」一條，不知何書，其詞鄙穢，誠又如何氏所譏：「六臣本無此注，蓋亦後人妄加之也。」嘉德案：何義門曰：「《魏志》：后三歲失父」云云。又云：「《離騷》我令豐隆乘雲兮」云云。又云：「蕭粹可注太白詩」云云。張仲雅云云。胡云云。案：六臣袁、茶本「子建」下，皆無是注，當削。姑存之以識妄加之謬，亦備參考。

黃氏《平點》曰：文題下注非李氏文。凡題下注皆有可疑，而《洛神賦》題下注尤謬。見《平點》卷一「賦甲·京都上」下批。

【疏證】

本條亦見陳校失其犖犖大者。監本無二百七字。五臣正德本、陳本作：《魏志》云：「曹植字子建，魏武帝第三子也。初封東阿王，後改封雍丘王，死，諡曰陳思王。洛神，謂伏羲氏之女，溺於洛水為神也。植有所感託而賦焉。」脫五臣注者名。奎本同，並善無注。明州本改首三字「《魏志》云」作「翰曰魏」，又云「善注同」。建本翰注取贛州本見下，無善注。自奎本至建本包括北圖藏贛州本均無二百七字。惟四庫館臣所鈔贛州本本書取為校本翰注同明州本，「謂」字下脫「伏羲氏之女」五字。善注則獨與尤本略同。作：「《記》曰：植初求甄逸女不遂，後太祖回，與五官中郎將，植殊不平。晝思夜想，廢寢與

食。黃初中入朝，帝示植甄后玉縷金帶枕，植見之，不覺泣下。時已為郭后讒死，帝意尋悟，因留宴飲。仍以枕齎植。植還，度轘轅。將息洛水上，因思甄后，忽若有見。遂述其事，作《感甄賦》。後明帝見之，改為《洛神賦》。」尤本「思甄后」較贛本多出一節人神相會細節：「忽見女來，自云我本託心君王，其心不遂。此枕是我在家時從嫁，前與五官中郎將，今與君王。遂用薦枕席。歡情交集，豈常辭能具。為郭后以糠塞口，今被髮羞將此形貌，重睹君王爾。言訖，遂不複見所在。遣人獻珠玉于王，王答以佩。悲喜不能自勝，遂作《感甄賦》……」尤本徵引《感甄記》當是原書，而贛本則以「遂述其事」一語括之。謹案：毛本所誤，大抵以形近而致。尤本正作「太」、「玉」。上「五」作「王」、下「五」作「玉」、作「王答」。與陳校無一不合，適證陳校所據的是尤本。本條亦證尤本增補文字，並非擅自妄增，亦有《文選》版本依據，而尤氏則踵事增華而已。此有贛本可為證矣。陳校不從何校，此一點，亦是何、陳校區別標誌之一焉。參拙著《何校集證》。

背伊闕　注：伊闕，已見《東都賦》。

【陳校】

　　注「見《東都賦》」。「都」，作「京」。

【集說】

　　胡氏《考異》曰：注「已見《東都賦》」，陳曰云云。是也，袁、茶陵二本複出，皆非。案：複出，不合善例。凡袁亦誤者，不悉出。

　　許氏《筆記》曰：李氏原注「《史記》：吳起曰」云云。嘉德案：此見《東京賦》，複注不嫌詳。

【疏證】

　　奎本、明州本、尤本誤同。贛本、建本複出。謹案：「伊闕」，見《東京賦》「迴行道乎伊闕」下注。尤本蓋從明州本而失察。陳校是。此等處，可見陳氏爛熟於《選》。「複出，不合善例」，嘉德竟謂「複注不嫌詳」，非也。

秣駟乎芝田　注：《十州記》曰。

【陳校】

　　注「十州」，作「十洲」。

【疏證】

建本同。奎本、明州本、贛本、尤本作「十洲」。謹案：《隋書・經籍志二》：「《十洲記》一卷。東方朔撰。」然前胡氏以「李氏注屢引，必當別有其書。」其說可從。參下王元長《三月三日曲水詩序》「芳林園者」條。毛本或從建本等，陳校當從尤本等，亦未必是。

左以采旄

【陳校】

「以」，作「倚」。

【集說】

余氏《音義》曰：「左以」。六臣「以」作「倚」。

孫氏《考異》曰：「左倚采旄」。「倚」誤「以」。

許氏《筆記》曰：「左以」。何改「左倚」。

【疏證】

諸《文選》本悉作「倚」，《藝文類聚》卷八、《太平御覽》卷三百四十一、《古今事文類聚》前集卷十六、後集卷十二，《初學記》「魏曹子建洛神賦」注引悉作「倚」。謹案：毛本獨因音近而誤，陳、何蓋依尤本等改。

從南湘之二妃，攜漢濱之遊女　注：「二妃」，已見上文。《毛詩》曰：漢有游女，不可求思。言漢上游女，無求思者。

【陳校】

舊刻《六臣本》李善注云：「《韓詩》：『漢有遊女，不可求思。』薛君曰：『遊女，漢神也。言漢神時見，不可求而得之。』」此注較為明妥。

【集說】

胡氏《考異》曰：注「二妃，已見上文。《毛詩》曰」下至「無求思者」。案：「二妃」下當有「遊女並」三字，依善例求之如此。謂「二妃」注在《思元賦》，「遊女」注在《琴賦》。袁本、茶陵本所複出，皆非，然即其證也。「《毛詩》曰」以下二十字，尤本誤衍，袁、茶陵無。

徐氏《規李》曰：案：李所引當是《韓詩》。薛君《章句》曰：「游女，漢神也，言漢神時見，不可求而得之」，與《毛詩》解異。

許氏《筆記》曰：何改「《韓詩》」，削「言漢上游女，無求思者」九字，加「薛君曰：游女，漢神也，言漢神時見，不可求而得之」十九字。依六臣本。

【疏證】

奎本、明州本作「二妃、遊女已見上文」，是。贛本同時複出「二妃」、「遊女」注，其「遊女」注作：「《韓詩》曰：漢有游女，不可求思。薛君曰：游女，漢神也，言漢神時見，不可求而得之」，建本同。尤本則作「二妃，已見上文」，複出「遊女」注，又有誤文。毛本遠祖尤本，惟正尤本「注」字為「言」字。謹案：陳改以《韓詩》雖切，然「二妃」下仍當補「遊女並」三字，胡氏以李善注例推得，最得其實，正與六家系統本合，較陳、何二家後來居上矣。徐、許二家說，亦是。本條，第一次見陳校將「舊刻」與「六臣本」連用。

是否意味陳所謂「舊刻」，凡不連「六臣本」者，即他書歟？

陵波微步，羅韤生塵　注：《淮南子》曰：聖足行於水，無跡也。

【陳校】

注「聖足」。「足」，作「人」。

【集說】

余氏《音義》曰：「聖足」。「足」，何改「人」。

胡氏《考異》曰：注「聖足行於水，」袁本、茶陵本「足」作「人」，是也。

梁氏《旁證》曰：六臣本「足」作「人」，是也。

【疏證】

尤本同。奎本以下諸六臣合注本悉作「人」。謹案：語見《淮南子·說林》，字正作「人」，《太平御覽》卷十四引同。毛本當誤從尤本，陳校當據《淮南子》、建本等正之。

於是屏翳收風　注：曹植《結洛文》曰：屏翳司風

【陳校】

注「《結洛文》」。「結」。舊作「詰」，亦誤，當作「禊」。

【集說】

汪氏《權輿・注引群書目錄》曰：「曹植《結洛文》」。志祖案：是「《詰咎文》」之誤。

胡氏《考異》曰：注「曹植《詰洛文》曰」。案：「洛」，當作「咎」。各本皆譌。文今載集中。袁本、茶陵本「詰」譌「結」。陳云：「當作禊。」大非。王伯厚嘗言：「曹子建《詰咎文》，假天帝之命以詰風伯雨師，名篇之意顯然矣。」

梁氏《旁證》曰：「洛」，當作「咎」。今《子建集》中有《詰咎文》。各本「結」作「詰」，皆誤。胡公《考異》曰：「陳云：『當作禊。』大非。王伯厚嘗言」云云。

朱氏《集釋》曰：「咎」，今誤「洛」。

許氏《筆記》曰：何云：「結，疑當作禊。」何校本改「結洛」為「詰咎」。嘉德案：各本注中或作「結洛文」，或作「詰洛文」，或作「詰咎文」，或作「詰洛文」，各不相同。胡氏《考異》云：「當作詰咎文，其文今載《集》中。王伯厚嘗言：『曹子建《詰咎文》』」云云。然則，何氏一本校改「詰咎」，傳寫又誤作「詰」也，今依胡校正。

【疏證】

建本同。奎本、明州本、尤本作「詰洛」、贛本作「詰洛」。《藝文類聚》作「詰咎文」。謹案：毛本當誤從建本等。何校蓋從王伯厚說。說見《困學紀聞・評文》，正作「《詰咎》文」。許云：「何云：結，疑當作禊」，誤矣，此蓋出諸陳校，胡氏《考異》已駁之，許巽行不及讀《考異》故也。嘉德案宗前胡，是。此嘉德不從乃祖例。

載雲車之容裔　注：《博物志》曰：王母乘紫雲車來。

【陳校】

注「王母乘紫雲車來。」「來」上脫「而」字。

【集說】

胡氏《考異》曰：注「王母乘紫雲車來。」袁本、茶陵本「來」上有「而」字，是也。

梁氏《旁證》曰：六臣本「來」上有「而」字。是也。

【疏證】

尤本同。奎本以下諸六臣合注本並有「而」字。謹案：語見《博物志》卷八，正有「而」字。毛本誤從尤本，陳氏當據六臣合注本、《博物志》等補。

紆素領　注：《毛詩》曰：領如蝤蠐。

【陳校】

注「蝤蠐」。「蠐」，作「蠐」。

【疏證】

奎本以下諸六臣合注本、尤本悉作「蠐」。謹案：《毛詩》，見《衛風·碩人》，正作「蠐」。此毛本獨因形近傳寫而譌，陳校當從尤本等正之。

補亡詩六首　束廣微

題下注：晳與同業疇人。

【陳校】

注「同業疇人」。「同」，舊作「司」。

【集說】

許氏《筆記》曰：「同業」。何校改「司業」。《玉海》引云：「同業疇人。」見七十三卷。

【疏證】

明州本、贛本、建本、日古鈔卷十殘卷本、九條本同，奎本、尤本作「司業」。謹案：許引《玉海》，見《禮儀·晉辟雍鄉飲禮》，云：「《文選》注：『束晳《補亡詩序》曰：晳與同業疇』，作「同」，而檢《玉海·藝文》卷五十九：「束晳傳著《補亡詩》」條，注引則作「司」。《史記·曆書》：「幽厲之後，周室微，陪臣執政，史不記時，君不告朔，故疇人子弟分散。」《索隱》：韋昭云：「疇，類也。」孟康云：「同類之人，明曆者也。」若作「同」與下「疇」字義重，故作「司」字勝。「司」、「同」形近而譌，毛本當從建本等，陳、何當據尤本等正之。

（《南陔》）彼居之子，色思其柔。

【陳校】

（「彼居」）二句當在「心不遑留」下，如首章例。

【集說】

胡氏《考異》曰：陳曰云云。案：所校是也，各本皆誤倒。

梁氏《旁證》同前胡《考異》。

胡氏《箋證》曰：陳氏景雲曰：「二句」云云。各本皆誤倒。

黃氏《平點》曰：「彼居之子，色思其柔」二句，或言此二句當在「眷戀」二句下，其說非也。

【疏證】

諸《文選》本咸倒。謹案：真德秀《文章正宗·詩歌·補亡》亦誤倒。毛本當誤從尤本等，陳校蓋以本詩內證正之，雖非大關節，然非以校勘家目光不能辦也。「各本皆誤倒」，本前胡按語，非陳校也，《旁證》照襲前胡。後胡復仍《旁證》而冠以姓氏，似出原本，究其實皆轉販耳。

噬魴捕鯉　注：《廣雅》曰：噬……《爾雅》曰：魴，鮊也。郭璞曰：今呼魴魚為鯉。

【陳校】

注「鮊也」。「鮊」，作「鯡」。又「今呼魴魚為鯉。」「鯉」，作「鯿」。

【集說】

胡氏《考異》曰：注「《廣雅》曰噬」下至「今呼魴魚為鯉」。袁本、茶陵本無此二十一字。

【疏證】

尤本作「鯡」、「鯿」。奎本以下諸六臣合注本並無「《廣雅》曰噬」以下二十一字。謹案：《爾雅》，見《釋魚》「魴鯡」注，正作「鯡」、「鯿」。毛本傳寫而譌，陳校當據尤本等正之。

《白華》粲粲門子　注：《周禮》曰：正望，謂之門子。

【陳校】

注「正望，謂之門」。「望」，作「室」。

【集說】

　　余氏《音義》曰：「正望」，「望」，何改「室」。

【疏證】

　　奎本以下諸六臣合注本、尤本悉作「室」。謹案：《周禮》，見《小宗伯之職》，字正作「室」，《玉海》卷一百三十引同。毛本傳寫偶譌，陳、何校當依《周禮》、尤本等正之。

如磨如錯　　注：《毛詩》曰：如切如蟻，如琢如磨。

【陳校】

　　注「如蟻」。「蟻」作「磋」。

【集說】

　　朱氏《集釋》曰：「如磨如錯」注引《毛詩》「如琢如磨」。案：《太平御覽》引《韓詩》作「如錯如磨」。琢、錯音相近。此處正用《韓詩》，非改「毛」字也，注宜引《韓》。

　　胡氏《箋證》曰：按：《太平御覽》九百六十四引「《韓詩》曰：如錯如磨」，然則，廣微蓋用《韓詩》，特倒言之，亦協韻耳。《毛詩》不當引。

【疏證】

　　奎本、贛本作「磋」。明州本、尤本、建本作「瑳」。謹案：善引語見《毛詩注疏·衛風·淇奧》「如切如磋」傳：「治骨曰切，象曰磋。」《論衡·量知》：「骨曰切，象曰瑳」，「磋」，作「瑳」。《荀子·天論》：「若夫君臣之義……則日切瑳而不舍也。」「瑳」，與「磋」通。陳校當據贛本、《毛詩》傳，毛本傳寫獨誤。朱氏、後胡據正文「如磨如錯」作「錯」，非如《毛詩》下句作「琢」，斷定「廣微蓋用《韓詩》」，故主改注從「《韓詩》」。檢《韓詩外傳》卷二：「《詩》曰：如切如磋，如琢如磨。」卷九引同。合《毛詩》，而與《太平御覽》引「《韓詩》作「如磨如錯」不同，故朱、胡二家說，未必可從。況且上句作「磋（瑳）」，無異說。毛本從尤本等，然傳寫有誤，陳校不誤矣。

堂堂處（女）〔子〕　　注：處子，處士也。已見《瓔鵡賦》。

【陳校】

　　注「瓔鵡」。「瓔」，「鸚」誤。

【疏證】

奎本、明州本、尤本作「鸚」。贛本、建本作：「處子，處士也。應劭《風俗通》曰：『處士者，隱居放言也。』」謹案：本書《鸚鵡賦》，未見此注。贛本六臣本系統亦未言出此賦，而《射雉賦》「來若處子，去如激電」徐爰注：「處子，處女也」，然其義亦不合束詩。故當以贛本等為得。毛本從尤本等，又傳寫有譌，陳校亦疏於檢點。

《由庚》獸在于草

【陳校】

「于」。當作「在」。

【集說】

孫氏《考異》曰：何校「于」改「在」。志祖按：五臣作「于」，善作「在」。

胡氏《考異》曰：案：「于」，當作「在」。袁本、茶陵本校語云：善作「在」，可證。尤所見誤以五臣亂善。何云：「當作在。」陳同，蓋據二本校。

梁氏《旁證》曰：六臣本校云：「于」，善作「在」。何、陳皆據之校改。

姚氏《筆記》曰：何校「于」改「在」。

胡氏《箋證》曰：六臣本校云：「于」，善作「在」。此與「魚在在藻」同一句法。後人依五臣，故改「在」為「于」。

許氏《筆記》曰：何改「在草」，依宋本。嘉德案：茶陵、袁氏六臣本云：善作「在」，是則五臣作「于」也，此蓋與《詩》「魚在在藻」同意。

【疏證】

諸《文選》本、日古鈔卷十殘卷本同。九條本作「在在」。謹案：奎本以下諸六臣合注本有校云：善作「在在」。尤本、毛本以五臣亂善，陳、何校及《箋證》等說，是。「魚在在藻」，見《毛詩·小雅·魚藻》。明·陸時雍《古詩鏡》卷八注引本詩亦作「在在」，未知是否依六臣本校語。

五緯不逆，六氣無易　注：《尚書》云：曰雨、曰暘、曰燠、曰風、曰時，五者來備。《左氏傳》：秦醫和謂晉侯曰：天有六氣⋯⋯

【陳校】

注「曰燠」下，疑當有「曰寒」二字。

【集說】

胡氏《考異》曰：注「曰風曰時」，當作「曰寒曰風」。章懷太子注《後漢書·李雲傳》所引《史記》如此，蓋《尚書》亦然也。今以東晉古文添「曰時」二字，而誤去「曰寒」二字。各本皆譌。何校添「曰寒」，陳同。皆仍衍「曰時」，未是。

張氏《膠言》曰：注引《尚書》云：「曰雨、曰陽、曰燠、曰寒、曰風、曰時，五者來備，各以其序，庶草蕃廡。」胡中丞曰云云。

梁氏《旁證》曰：何校「風」上添「曰寒」二字。陳同。

許氏《筆記》嘉德案：注脫「曰寒」二字，今補。又注中「曰時五者來備」，胡氏云：「注中『曰時』二字衍。章懷太子注《後漢書·李雲傳》」云云。嘉德又案：……所謂「古文」者，以文字而言，非今本、古本之說也。今文《尚書》約結之，作「五是來備」，古文《尚書》自作「曰時五者來備」。今本《尚書》有「曰時」二字，蓋從伏生所傳西漢古文也。

【疏證】

尤本同。奎本、明州本、建本亦同，引《尚書》皆涉良注衍「曰時」而脫「曰寒」。惟贛本有「曰寒」，然仍衍「曰時」。謹案：前胡說是。尤本當誤從明州本等，毛本則誤從尤本耳。陳、何校誤與贛本同。或泥於下文「六氣」而誤，疏於善引《尚書》本解「五緯」矣。

惜惜我王 注：《左氏傳》右尹革曰：祈昭之惜惜。……我王，成王也。此詩成王詩也。

【陳校】

注「祈昭」。「昭」，作「招」。又「成王詩」。「詩」，作「時」。

【集說】

顧按：「昭」，即「招」字。李斯《上書》注引「徐廣曰」，可證。

【疏證】

尤本作「昭」、「時」。奎本以下諸六臣合注本並作「招」、作「時」。謹案：《左傳》，見《昭公十二年》，正作「招」。顧氏說是，「昭」，與「招」通。《說文通訓定聲·小部》：「招，叚借為昭。」《莊子·徐無鬼》：「招世之士興朝」，于新吾《新證》：「招，應讀作昭。昭世之士興朝，謂昭明於世之士足以興朝

也。」皆為其證。作「昭」，毛本當從尤本，陳校當從《左傳》、贛本等，然不必改。作「詩」，毛本獨涉上而譌，陳校當據上下文、尤本等正之。

《崇丘》植物斯高，動類斯大　注：《周禮》曰：山林植物。鄭玄曰：物根生之屬。

【陳校】

　　注「鄭玄曰」，下脫「植」字。

【集說】

　　胡氏《考異》曰：注「《周禮》曰：山林」下至「根生之屬」。袁本無此十五字。茶陵本此節無善注。

【疏證】

　　尤本有「植」。奎本無此十五字。明州本、贛本、建本此節無善注。謹案：《周禮》，見《大司徒》，注作「鄭司農云：植物根生之屬」，正有「植」字。此毛本傳寫譌脫，陳校從尤本補之。本條亦前胡稱袁、茶二本而省去引陳校之例。本條奎本雖去十五字，然尚存善注「藹藹，茂盛貌」，明州本首並善注刪去。由此亦略可見：袁本所宗之裴本與明州本同為六家本系統，裴本如奎本較近監本。

王猷允泰　注：《毛詩》曰：王猷允塞。猷、猷古字通。

【陳校】

　　注「王猷」，作「王猶」。

【集說】

　　胡氏《考異》曰：注「猷、猷古字通。」袁本、茶陵本無此五字。案：此或所見不同。若有之，當如何校，改上引《詩》「王猷」，作「猶」，乃相應。

　　梁氏《旁證》曰：《詩‧常武》作「王猶」，故注云：「猷、猷古字通」。

　　胡氏《箋證》曰：今《常武》作「王猶」。善引當同。謂《常武》之「猶」，與正文之「猷」，古字通。

【疏證】

　　尤本同。奎本以下諸六臣合注本悉無此五字。謹案：《毛詩》，見《大雅‧常武》，正作「猶」，毛《傳》、鄭《箋》同。毛本誤從尤本等，陳、何校蓋依此注上下文義校，二胡、梁氏說並是。

物極則長　注：《易》曰：小人道消，君子道長。言無極則歸長也。

【陳校】

注「言無極」。「無」，作「物」。

【集說】

胡氏《考異》曰：注「易曰」下至「則歸長也」，袁本、茶陵本無此十七字。

【疏證】

尤本作「物」。奎本以下諸六臣合注本並同袁、茶二本。謹案：毛本當從尤本而傳寫音近有誤，陳校當從尤本正之。

《由儀》武加外悠　注：言以文化輯和於內，用武德加於外遠也。

【陳校】

「武加外悠」。「加」，作「功」。

【集說】

余氏《音義》曰：「加」。六臣作「功」。

孫氏《考異》同余氏《音義》。

許氏《筆記》曰：六臣本作「武功外悠」。嘉德案：何云：「案注，作『加』為是。」

【疏證】

《敦煌·俄藏本》L.1452、諸《文選》本悉作「功」。獨毛本作「加」。謹案：《海錄碎事》卷十下引亦作「功」。陳校當從尤本等，非也。細審善注，還以作「加」為穩。何當以善注及毛本校正《文選》諸本爾。是毛本亦不可廢也。

述祖德詩二首　謝靈運

題注：陳羣《謝錄》曰。

【陳校】

注「陳羣」。「羣」作「郡」。

【集說】

余氏《音義》曰：「陳羣」。「羣」，何改「郡」。

許氏《筆記》曰：「《陳郡謝錄》」，何法盛《晉書》篇名。此作「陳羣」，傳寫之誤也。

【疏證】

奎本、明州本、建本誤同。贛本、尤本作「郡」，是。謹案：「《陳郡謝錄》」乃「陳郡謝氏家錄」之省稱，是謝靈運家族譜牒。沈約《宋書·謝靈運傳》曰：「謝靈運，陳郡人也。」陳、何蓋據尤本校焉。《敦煌·俄藏本》L.1452作者下引「丘淵之《新集錄》：『靈運，陳郡陽夏人。祖玄車騎將軍』」云云。亦見《世說新語·德行篇》「謝靈運好戴曲柄笠」注。毛本當誤從建本等，陳校當依尤本等正之。

謝靈運　注：沈約《宋書》曰：謝靈運……徙封廣州。遂令趙欽等要合鄉里健兒，於三江口纂取。謝要不及，有司奏依法收罰。

【陳校】

注「徙封廣州。」「封」，作「付」。又「三江口纂取」。「纂」，作「篡」。又「謝要」二字，乙。

【集說】

余氏《音義》曰：「徙封」。「封」，何改「付」。

【疏證】

奎本同。明州本、贛本、建本作「封」、「篡」、「謝要」。尤本作「付」、「篡」、「要謝」。謹案：檢今本《宋書》本傳作：「徙送」、「篡」、「要謝」。「徙付」與「徙送」義亦同。陳校當從《宋書》本傳、尤本等正毛本之譌。毛本三誤，與奎本並合，不可逕言出奎本，然略可窺毛本與古本之關係，故亦不可逕廢也。

弦高犒晉師　注：《春秋·僖公二十六年》：齊孝公伐魯北鄙，……公使展喜犒師，使受命于展禽。《呂氏春秋》曰：弦高……乃矯鄭伯之命，以勞之曰：寡君使臣犒勞以璧。

【陳校】

注「公使展喜犒師，使受命于展禽」十二字衍。又「勞以璧」。「璧」，作「璧」。

【集說】

胡氏《考異》曰：注「《春秋·僖公二十六年》」下至「使受命於展禽」，袁本、茶陵本無此一百十一字。案：二本是也。此實非善注。

姚氏《筆記》曰：「展季」、「弦高」二注。何云：「傳文本明。不知何緣反加錯綜。及閱宋本亦然。」

【疏證】

尤本有「《春秋·僖公二十六年》」以下一百十一字、作「璧」。奎本以下諸六臣合注本並無一百十一字、作「璧」。謹案：一百十一字，毛本當從尤本，獨誤作「璧」，蓋與「璧」音形二近也。陳校蓋從尤本，故亦不及一百十一字。姚引何校，亦不見於《讀書記》等，當直接取諸何批本。

尊主隆斯民　注：《魏志》紹曰：翻然改節，以隆斯民。

【陳校】

注「《魏志》紹曰」。「紹」，作「詔」。

【集說】

余氏《音義》曰：「紹曰」。「紹」，何改「詔」。

【疏證】

奎本以下諸六臣合注本、尤本悉作「詔」。謹案：語見《魏志·管寧傳》，正作「詔」，《北堂書鈔》卷五十六「給安車」注引同。毛本形近偶誤，陳、何當據《魏志》、尤本等正之。

江介有蹙圮　注：《毛詩》曰：今也蹙國百里。

【陳校】

注「今也」下，脫「日」字。

【集說】

胡氏《考異》曰：注「今也蹙國百里。」袁本、茶陵本「也」下有「日」字。案：陳云：「脫」。

【疏證】

尤本脫同。奎本以下諸六臣合注本並有「日」字。謹案：《毛詩》，見《大

雅・召旻》，正有「日」字，《記纂淵海》卷七十四引同。毛本誤從尤本，陳校當從《毛詩》、建本等補之。

遠圖因事止　注：曹大家上疏諸兄曰。

【陳校】

　　注「上疏諸兄」。「諸」，當作「請」。

【集說】

　　胡氏《考異》曰：注「曹大家上疏謂兄曰」。袁本、茶陵本「謂」作「諸」，陳云：「諸，當作請」。

【疏證】

　　奎本以下諸六臣合注本並同。尤本作「謂」。謹案：據《後漢書・班超傳》言：班超自以久在絕域，年老思土，上疏求歸，「超妹昭亦上書請超，曰：妾同產兄」云云，自當以作「請」為得。毛本誤從建本等六臣合注本，尤本亦非，皆以形近而譌。陳校則以《後漢書》正之。本條亦可見陳氏校《選》，得史之助多矣。

隨山疏濬潭　注：疏，聞也。

【陳校】

　　注「疏，聞也。」「聞」，作「開」。

【疏證】

　　奎本以下諸六臣合注本、尤本悉作「開」。謹案：《說文・𠫓部》：「疏：通也。从𠫓从疋。疋亦聲。所菹切。」朱氏《說文通訓定聲》：「𠫓者，子生也。疋者，破包足動也。孕則塞，生則通，因轉注為開通，分遠之誼。」此獨毛本傳寫形近而譌，陳校當從尤本等正之。

諷諫詩一首　韋孟

（肅肅）國自豕韋　注：應劭曰：《左氏傳》曰：任商為豕韋氏。

【陳校】

　　注「任商」。「任」，作「在」。

【疏證】

奎本以下諸六臣合注本、尤本悉作「在」，《敦煌·俄藏本》L.1452 注亦作「在」。謹案：《左傳》，見《襄公二十四年》，正作「在」，《太平御覽》卷三百六十二引《左傳》同。本書班孟堅《典引》「陶唐舍胤而禪有虞」注引亦作「在」。毛本形近致譌，陳校當從《左傳》、本書內證、尤本等正之。

四牡龍旂　注：《毛詩》曰：龍旂承祀。

【陳校】

注「龍旅承祀。」「旅」，「旂」誤。

【疏證】

奎本以下諸六臣合注本、尤本悉作「旂」。謹案：《毛詩》，見《魯頌·閟宮》，正作「旂」。作「旂」正與正文應。此毛本因形近致譌，陳校當據正文、《毛詩》、尤本等正之。

彤弓斯征　注：言受彤弓之賜，於此得專征伐。

【陳校】

注「言受彤弓之賜。」「言」上，當有「顏師古曰」四字。

【集說】

胡氏《考異》曰：注「言受彤弓之賜，於此得專征伐」，袁本、茶陵本無此十二字。案：無者是也。此或以《漢書》顏注記於旁，尤延之誤取也。陳曰云云，不知其非善引也。以下凡「顏師古曰」各條，皆不當有。袁、茶陵二本據無者，最是。今不悉出。其所有誤中之誤，亦不更論。

【疏證】

尤本衍同。奎本以下諸六臣合注本並無「言受彤弓」以下十二字。謹案：前胡《考異》說是，善注力避同顏注，偶用，亦稱「顏監」，故不當有。陳校亦就誤文為說，故前胡有「誤中之誤」之評也。前胡又云：「以下凡『顏師古曰』各條，皆不當有」，即謂陳校不知就所校歸納凡例，以收執簡馭繁之功。此亦前胡所以譏其「斷斷」之一端。參見下「斯惟皇士」、「務此鳥獸」諸條。本條可見前胡校《選》特色之一斑，得善注以義例校書之精髓焉。

以翼太商

【陳校】

「太」，作「大」。

【疏證】

《敦煌‧俄藏本》L.1452、諸《文選》本咸作「大」。謹案：《漢書》、《通志》本傳並作「大」，《玉海卷》八十一、卷八十三兩引亦作「大」。然「太」，亦「大」。《廣雅‧釋詁一》：「太，大也。」王念孫《疏證》：「《白虎通義》：十二月律謂之大呂，何？大，大也。正月律謂之太蔟，何？太亦大也。」是其證。毛本當有所據，陳校不改亦得。

勤唉厥生　注：應劭曰：小兒啼聲唉唉。顏師古曰：唉，歡聲。

【陳校】

注「唉，歡聲」。「歡」，作「歎」。

【集說】

余氏《音義》曰：「歡聲」。「歡」，何改「嘆」。

胡氏《考異》曰：注「應劭曰：小兒啼聲唉唉。」袁本、茶陵本無此並下顏注共十六字。

許氏《筆記》曰：「唉」，《漢書》作「誒」。案：《說文》：「唉：譍也。讀若埃，烏開切」；「誒：可惡之辭。一曰誒然，《春秋傳》曰：『誒誒出出。』許其切。」注以為歎辭，則當為「誒」。嘉德案：《漢書》：師古曰：「誒，歎辭。」《項羽本紀》索隱：「唉，歎恨發聲之詞。」《方言》曰：「欸，然也。南楚凡言然者，曰欸。或曰譍。」《廣雅》曰：「欸，譍然譍也。」段曰：「是則誒與欸、唉，音義皆同，可通用也。」又：注引顏注、《方言》並作「唉」，《索隱》亦以「唉」為歎詞。似李本自作「唉」，不同《漢》。

【疏證】

尤本作「嘆」。奎本以下諸六臣合注本悉無此十六字。《敦煌‧俄藏本》L.1452 注云：「自謂言歎辭。」謹案：語見《漢書‧韋賢傳》，顏注字正作「歎聲」。注下文善注引「《方言》曰：唉，歎辭也」，可為作「歡」非之佐證。尤當據別本誤補。陳、何校蓋從尤本。然此非善注，善注例稱「顏監」，即此亦可證其不出善手。陳、何所校亦前胡所謂「誤中之誤」者也。此亦是前胡高出

陳、何一頭地處。本條嘉德案語，實大抵出段注。

咨命不永，惟王統祀　注：夷王立四年，薨。戊乃嗣，放言不永。統祀……。

【陳校】

注「放言」。「放」，作「故」。

【集說】

胡氏《考異》曰：注「戊乃嗣，放言不永。統祀」。袁本、茶陵本無此九字。案：上七字顏注竄入。

【疏證】

尤本同。奎本以下諸六臣合注本並同袁、茶本。謹案：顏注，見《漢書·韋賢傳》，正作「故」。亦不當有，陳校所正者亦「誤中誤」耳。

斯惟皇士　注：顏師古《大雅》曰：皇，正也。

【陳校】

注「顏師古」下，脫「曰」字。又「《大雅》」。「大」，作「爾」。

【疏證】

尤本同。奎本以下諸六臣合注本並無「顏師古」以下九字。謹案：「顏師古（曰）」，此亦《漢書》顏注竄入，說見上「彤弓斯征」條。「大」，當作「爾」。語見《爾雅·釋言》，《漢書》顏注，不誤。毛本當誤從尤本，尤本傳寫而誤者。陳校當從《漢書》、《爾雅》等正之。

犬馬悠悠　注：顏師古曰：繇與悠同，行貌。

【陳校】

「犬馬悠悠。」據注當作「繇繇」。

【集說】

胡氏《考異》曰：「犬馬悠悠。」陳曰云云。今案：其說誤也。顏注竄入，非善所引。善注「悠悠然遠也」在下，可證其與顏不同也。尤延之所誤取，複杳歧互，不相比次，讀者多不審。

梁氏《旁證》曰：《漢書》「悠悠」作「繇繇」。師古曰：「繇，與悠同。」

許氏《筆記》曰：「悠悠」。依注作「絲絲」。《漢書》作「絲」。嘉德案：《漢書》作「絲絲」，師古注「絲，與悠同。」胡曰：「注從《漢書敘》入，故有此語，下注云：悠悠然遠也，則善自作悠悠。尤取顏注竄入，非善所引，尤延之誤取也。」又案：陳校亦云「據注當作絲絲。」蓋舊注既已申明「絲與悠同」，李氏即以「悠悠」為訓，非顏注誤入。

【疏證】

諸《文選》本悉同。尤本有「顏師古」以下十字。奎本以下諸六臣合注本並無。謹案：奎本等諸六臣合注本，是，說見上「彤弓斯征」條。「顏注竄入，非善所引」，前胡說亦是。嘉德不知若善引顏注，必稱「顏監」，反曲護乃祖之說，大非。其援前胡亦多改寫。毛本當誤從尤本，陳校亦非。《文選》固作「悠悠」，五臣正德本、陳本作「悠悠」、善注「悠悠然遠也」足證。作「絲絲」者，《漢書》耳。

務此鳥獸 善曰：馳騁犬馬，悠悠然遠也。

【陳校】

按：善此注，當在上「犬馬悠悠」二句顏注後。

【疏證】

尤本誤植同。奎本以下諸六臣合注本與上條屬同一科段，不誤。謹案：此單善注本從六臣合注本析出時，因科段不同，偶疏致誤。毛本當誤從尤本。陳云此注當屬上，是；而云及竄入之「顏注」，則又非。已見上條。

我王以媮 注：媮音愉同，樂也。人失稼穡以致困匱，而王反以為樂也。

【陳校】

注「音愉」。「音」作「與」，「媮，與愉同」上，當有「顏師古曰」四字。

【疏證】

奎本以下諸六臣合注本及尤本悉作「與」、無「顏師古曰」四字。《敦煌·俄藏本》L.1452作「愉」，注云：「言王即以此為樂。」謹案：「顏師古曰」四字，不當有。陳校謂「當有」，則不然。蓋《漢書》注：「師古曰：『媮與愉同，樂也。言眾人失此稼穡，以致困匱，而王反以為樂也。』」此善節其注為己用耳，此在善注屢見；若必以為顏注，亦當作「顏監」，然則，亦不勝改矣。

漢之睦親　注：顏師古曰：睦，容也。言服屬近。

【陳校】

　　注「睦，容也。」「容」，作「密」。

【疏證】

　　尤本作「密」。奎本以下諸六臣合注本無「顏師古曰」十一字。謹案：《漢書》本傳作「密」。此毛本從尤本，而傳寫有譌。陳校當從《漢書》、尤本等改之。然當依奎本諸六臣本，理同上。

殆其茲怙　注：茲，此，謂此親也。

【陳校】

　　「茲怙」。當從《漢書》作「怙茲」，於韻乃協。五臣亦作「怙茲」。

【集說】

　　葉刻：何校：「茲怙，宜作怙茲。韻既叶，文亦順。」

　　孫氏《考異》曰：何云：「茲怙，宜作怙茲」云云。志祖按：五臣作「怙茲」。

　　胡氏《考異》曰：「殆其茲怙。」袁本云：善作「茲怙」。茶陵本云：五臣作「怙茲」。案：各本所見皆非也。此但傳寫誤倒，非善獨作「茲怙」。何云：「當從《漢書》作怙茲」云云。陳同。

　　梁氏《旁證》曰：五臣「茲怙」作「怙茲」。《漢書》亦曰「怙茲」。何曰：「作怙茲，於韻乃協。」按注「茲，此」，當作「茲怙」。

　　朱氏《集釋》曰：「茲怙」當作「怙茲」，與下「思」字為韻。胡氏《考異》已及之。

　　胡氏《箋證》曰：《旁證》曰：「五臣茲怙作怙茲。何曰：『作怙茲，於韻乃協。』」

　　許氏《筆記》曰：李作「怙茲」。今譌為「茲怙」，則下文「思」字亦止一韻，不成章矣。嘉德案：六臣袁本曰：善作「茲怙」，茶陵本云：五臣作「怙茲」。此亦據譌本言之也。李自作「怙茲」，《漢書》作「怙茲」。六臣本之不足據，類如此。又案：何、陳及胡校皆從《漢書》作「怙茲」。

【疏證】

　　尤本誤同。五臣正德本、陳本作「怙茲」，《敦煌·俄藏本》L.1452、日古鈔卷十殘卷本、九條本同。奎本、明州本作「怙茲」，校云：善本作「茲怙」

字。贛本、建本作「茲怙」，校云：五臣作「怙茲」。謹案：尤氏《考異》曰：「五臣作怙茲」。前胡說是。此陳、何從文義、叶韻、《漢書》、五臣等校正。朱氏、後胡、二許說皆是。梁末謂：「按注茲此，當作茲怙」，恐非。

嗣其罔則　注：是令後儀無所法則。

【陳校】

　　注「後儀」。「儀」，作「嗣」。

【疏證】

　　奎本以下諸六臣合注本、尤本悉作「嗣」。謹案：《漢書》顏注亦作「嗣」。作「嗣」，亦與正文切。毛本從尤本等而傳寫有譌，陳校當從《漢書》、正文、尤本等正之。

岌岌其國　注：顏師古曰……又鄧展曰：岌，《孟子》曰：天下大哉岌乎。司馬彪以為岌岌危也。

【陳校】

　　注「鄧展曰」下，衍「岌」字。又「天下大哉岌乎」。「大」，作「殆」，「岌」下脫一「岌」字。

【集說】

　　胡氏《考異》曰：注「又鄧展曰岌」下至「危也」，袁本、茶陵本無此二十三字，又上顏注十二字亦無，說具於前。

【疏證】

　　尤本「鄧展曰」下衍「岌」字、作「殆」、「哉岌」下脫一「岌」字。奎本以下諸六臣合注本同袁、茶二本。謹案：注引《孟子》，見《孟子注疏·萬章》篇。正無衍「岌」字、作「殆」、作「哉岌岌」字。毛本誤從尤本，復誤「殆」作「大」，誤中益誤，陳校當據《孟子》改之，然當如奎本等諸六臣合注本無上三十五字。前胡說，是也。

年其逮耇　注：顏師古曰：遠，及也。耇者，老人面色如耇。

【陳校】

　　注「老人面色如耇。」「耇」，作「垢」。

【疏證】

尤本同。奎本以下諸六臣合注本並無「顏師古曰」以下十五字。謹案：《漢書》顏注作「如垢」。毛本當誤從尤本，陳校蓋據《漢書》改之，然此是《漢書》注之竄入，當刪。說已見上。

黃髮不近　注：顏師古曰：黃髮不近者，斥遠耆老之人。近，音其靳切。善曰：歎美昔之君子，能庶幾自悔，故光顯于後。

【陳校】

「黃髮不近」注「善曰」以下，當在上「於赫君子」二句下顏注後。

【疏證】

注「善曰」以下「歎美」十六字，尤本已衍。而上文「於赫君子二句下顏注後」，尤本已有「歎美」云云十八字。「光顯于後」句末，多「代也」二字。奎本以下諸六臣合注本本條不衍，而上「歲月其徂，年其逮耇。於赫君子，庶顯于後」四句注六臣合注本此處合四句為一科段，與尤、毛本二句為一科段不同之「《爾雅》曰：耇，老壽也」下，正有「歎美」云云十八字。奎本諸六臣合注本注十六字切合正文，是也。毛本當誤從尤本，陳校當據正文及六臣合注本正之。又，「於赫君子」二句注，六臣合注本並無「顏注（師古曰：於，歎辭也）」七字，尤本、毛本遞相有之者，蓋後人據《漢書》注竄入耳。陳校僅從六臣本，以刪本條毛本十六字，而不知顏注七字之竄入「於赫君子」二句注，亦失之。

勵志詩一首　張茂先

題下注：《廣雅》曰：勵，……此詩茂先曰勸勤學。

【陳校】

「（曰）〔曰〕」，作「自」。

【集說】

胡氏《考異》曰：注「《廣雅》曰勵」下至「自勸勤學」。袁本、茶陵本無此十四字。

許氏《筆記》曰：題下注「此詩茂先自勸勤學」八字，五臣注誤入。削。

【疏證】

尤本誤「曰」（胡刻本已改「自」）。奎本以下諸六臣合注本並同袁、茶二本。《敦煌・俄藏本》L.1452 注作「自」。謹案：尤本「曰」、「自」字形近而譌耳。毛本誤從尤本周鈔復譌作「曰」。已糾正，陳校當據上下文正之。然陳校仍為就誤本立說，當從奎本等六臣合注本。許說亦非事實。五臣銑注作「勵，勉也。謂勉志以脩德業」。

熠熠宵流　注：《毛詩傳》曰：熠熠，燐也。

【陳校】

「熠熠」，當作「熠燿」。注同。又注「燐也」。「燐」，作「蟒」。

【集說】

余氏《音義》曰：六臣下「熠」字作「燿」。

孫氏《考異》曰：「熠燿宵流。」「熠燿」，誤作「熠熠」。

胡氏《考異》曰：注「《毛詩傳》曰：熠燿，燐也。」袁本無此八字，有「熠燿，已見《秋興賦》」七字。是也。茶陵本所複出，與此皆誤。

胡氏《箋證》曰：按：今《毛詩》「熠燿宵行」傳：「熠燿，燐也。」「熠」字不重，《說文》引《詩》亦作「熠燿」。此正文及注皆誤自注：《唐類函》引作「熠燿宵流」。

許氏《筆記》曰：「熠熠」，依注作「熠燿」。

【疏證】

尤本作「熠燿」（注同）、「燐」。五臣正德本、陳本作「熠燿」。奎本、明州本同袁本。贛本、建本複出，作「熠燿（注同）」；贛本作「燐」，建本作「蟒」。《敦煌・俄藏本》L.1452 作「熠燿」。謹案：諸《文選》本並作「熠燿」。五臣作「熠燿」，向注可證。善本亦有注明示。《毛詩》，見《豳風・東山》，字正作「熠燿」、「燐」。本書《秋興賦》「熠燿粲於階闥兮」注引毛《傳》作「熠燿，蟒也。」然「燐」與「蟒」同，《毛詩》已互見。毛本誤從尤本，復誤為「熠熠」，誤中有誤。陳校據《毛詩》、尤本等正作「熠燿」，是；然不必改為「蟒」字。

荏苒代謝 注：顏延年曰：一寒一暑，一往一復，為代，去者為謝。

【陳校】

注「一往一復，為代」。「復」下，脫「來者」二字。

【集說】

余氏《音義》曰：「為代」。六臣上有「來者」二字。

胡氏《考異》曰：注「一寒一暑一往一復」。袁本、茶陵本無此八字、有「來者」二字，是也。何校添「來者」於「復」字下，陳同，仍衍八字。

【疏證】

尤本同。奎本以下諸六臣合注本並同袁本、茶陵本。謹案：毛本當誤從尤本，陳、何校當據六臣合注本補「來者」二字，然如胡氏《考異》說，並仍衍「一寒」以下八字，余氏同何、陳。

眾鮮克舉 注：《毛詩》曰：德輶如毛，人鮮克舉。

【陳校】

注引《詩》脫「之」字。

【集說】

胡氏《考異》曰：注「人鮮克舉。」茶陵本下有「之」字，袁本無。陳云：「引《詩》脫之字」，是也。

【疏證】

奎本、明州本、尤本脫。贛本、建本同茶陵本。謹案：語見《毛詩注疏·大雅·烝民》，作「民鮮克舉之。」正有「之」字。《漢書敘傳》「廼輶德而無累」顏注同。毛本誤從尤本等，陳校當據《毛詩》、建本等補之。本條略可窺袁本與奎本、明州本之關係。

先民有作 注：《毛詩》曰：自古在昔，先民有作。非先民是經。先民，周公、孔子也。

【陳校】

注「先民有作」下，脫「又」字。

【集說】

胡氏《考異》曰：注「又匪先民是經。先民，周公、孔子也」。袁本、茶陵本無此十三字。

【疏證】

尤本有「又」字。奎本以下諸六臣合注本同袁、茶二本。謹案：《毛詩》，見《商頌・那祀》。毛本蓋從尤本而復脫「又」字。陳校依尤本補「又」字。然當從奎本等諸六臣合注本，為是。

田般于遊

【陳校】

舊本「田」，作「出」。

【集說】

余氏《音義》曰：六臣「田」作「出」。

胡氏《考異》曰：袁本、茶陵本「田」作「出」。何校依之改，陳同。案：此尤本譌耳。

梁氏《旁證》曰：六臣本「田」作「出」。是也。

胡氏《箋證》曰：《旁證》曰云云。

黃氏《平點》曰：「田般于遊。」即「盤于遊田」也。

【疏證】

尤本同。五臣正德本及陳本、奎本以下諸六臣合注本悉作「出」，《敦煌・俄藏本》L.1452、日古鈔卷十殘卷本並作「出」，宋・真德秀《文章正宗》卷二十二上引同。謹案：《孟子・盡心》有「般于遊田」之語，或尤氏所據本從改者，毛本誤從之，陳、何當從六臣合注本正之，是也。

蒲盧縈繳，神感飛禽 注：蒲盧，舊說云：即蒲且也。已見《西京賦》《汲蒙書》曰：蒲且予見雙鳥過之，其不被弋者亦下，故言感。

【陳校】

注「蒲且予」。「予」，作「子」。

【疏證】

奎本以下諸六臣合注本、尤本悉作「子」，元・劉履《風雅翼》卷三引同。

《敦煌‧俄藏本》L.1452 引《汲蒙書》，「且」下無「予」、「子」字。謹案：
《淮南子‧覽冥》：「故蒲且子之連鳥於百仞之上」高誘注：「蒲且子，楚人。
善弋射者。」洪氏《讀書叢錄》卷十一「蒲盧」條案云：「且，古字作盧，與
盧字形相近因譌。」此毛本獨傳寫而譌，陳校當據尤本等正之，而不及洪說
深切。

復禮終朝　注：孔安國曰：復，及也。身能及禮。……馬融曰：……泥
於終身。

【陳校】

　　注「及也。身能及禮」。二「及」字並當作「反」。又「泥於終身」。「泥」，
作「況」。

【集說】

　　胡氏《考異》曰：注「孔安國曰復」下至「況於終身」。袁本、茶陵本無
此二十七字。

【疏證】

　　尤本作「及」、「況」。奎本以下諸六臣合注本同袁、茶二本。謹案：孔語，
見《論語注疏‧顏淵》，字正作「反」、「況」。《史記集解‧仲尼弟子列傳》「顏
淵問仁」裴駰引「孔安國曰」正作二「反」字。「反」與「及」，古文獻多見互
混。尤本當有所出，毛本從尤本而有誤，陳校當據《論語》、尤本等正之。

隟朋仰慕　注：業言隟朋猶慕德，我是何人而不慕乎？

【陳校】

　　注「業言」。「業」，作「華」。

【疏證】

　　奎本以下諸六臣合注本、尤本作「華」。謹案：華，張華也。毛本因「華」、
「業」二字形近而譌耳。陳校從諸《文選》本改，是。

文選卷二十

上責躬應詔詩表　　曹子建

忍垢苟全

【陳校】

「垢」，《魏志》作「活」。

【集說】

余氏《音義》曰：何曰：「垢，《魏志》作活。」

梁氏《旁證》曰：《三國・魏志・陳思王傳》「垢」作「活」。

姚氏《筆記》曰：何曰云云。

【疏證】

《敦煌・俄藏本》L.1452、諸《文選》本悉同。《冊府元龜》卷二百七十四，同《三國志・魏志》本傳作「活」。謹案：毛本當從尤本等，《文選》自與史志不同，何、陳校聊備異聞而已。

舍罪貴功者

【陳校】

「貴」，舊本作「責」。《魏志》同。

【集說】

余氏《音義》曰：「貴」。《魏志》、六臣作「責」。

梁氏《旁證》曰：毛本「責」誤作「貴」。六臣本亦作「責」，不誤。

胡氏《箋證》曰：六臣本「貴」作「責」。按：作「責」是也。此言舍其罪而責之以功也。本書《與陳伯之書》「聖朝赦罪責功」，當本此。

許氏《筆記》曰：「貴」，六臣本作「責」。

【疏證】

《敦煌・俄藏本》L.1452、諸《文選》本咸作「責」。謹案：《三國志・魏志》本傳、嘉定本《曹子建集》、《冊府元龜》卷二百七十四引咸作「責」。毛本從尤本等，復因形近而誤，陳校當據《魏志》、尤本等正之。

瞻望反側　注：《毛詩》又曰：展轉反側。

【陳校】

注「展轉」。「展」，作「輾」。

【疏證】

奎本、尤本同。明州本、贛本、建本作「輾」。謹案：語見《毛詩・周南・關雎》：「輾轉反側」，音義：「輾，本亦作展。」《說文・尸部》：「展，轉也。」徐灝注箋：「《廣雅》曰：『展，舒也。』此乃展之本義，其訓為轉者，由《周南》『展轉』之文為說耳。」本書王仲宣《登樓賦》「悵盤桓以反側」注、潘安仁《秋興賦》「獨展轉于華省」注、謝惠連《秋懷詩》「展轉長宵半」注引《毛詩》並作「展」字，遑論潘、謝二詩本身即用「展」字，陳氏其獨未見歟？毛本當從本書內證、尤本等，陳校未免膠固。

責躬詩一首

玄化滂流　注：蔡邕《陳留太守頌》曰：玄化洽矣。

【陳校】

注「治矣」。「治」，作「洽」。

【疏證】

奎本以下諸六臣合注本、尤本悉作「洽」。謹案：本書《魏都賦》「玄化所

甄」注、潘安仁《楊荊州誄》「玄化未周」注引並作「洽」。而曹子建《七啟（鏡機子曰世有）》「玄化參神」注引亦誤「治」。此獨毛本因形近而譌，陳校當據本書內證、尤本等正之。

武則蕭烈　注：《毛詩》曰：相士烈烈。毛萇曰：相士，契孫也。

【陳校】

　　注「相士」。「士」，作「土」，下同。

【疏證】

　　奎本以下諸六臣合注本、尤本悉作「土」。謹案：《漢書·宣帝紀》、《蕭望之傳》引「《詩》云」並同。本書班孟堅《封燕然山銘》「截海外」注引亦誤「士」。《毛詩》，見《商頌·長發》篇，字正作「土」，毛《傳》同。陳所謂「下同」，即謂毛萇《傳》。此毛本形近傳寫致譌，陳校當據《毛詩》、尤本等正之。

受禪于漢

【陳校】

　　「于」，《魏志》作「炎」。

【集說】

　　余氏《音義》曰：「于漢」。《魏志》作「炎漢」。

　　梁氏《旁證》曰：《魏志》「于」作「炎」。

　　姚氏《筆記》曰：何曰：「于，《魏志》作炎。」

　　許氏《筆記》曰：何曰云云。

【疏證】

　　諸《文選》本悉同。謹案：《三國志·魏志》本傳作「炎」，諸家已及。歐陽修《集古錄·魏受禪碑》云：「右《魏受禪碑》。世傳為梁鵠書，而顏真卿又以為鍾繇書。……此碑云：十月辛未受禪於漢。」此固非植詩，然可見當時言此史實之官方用辭為「于（於）」，又，若按曹氏弟兄君臣關係而言，亦以作「于」字為宜。作「炎」者，蓋後代修史者改爾。毛本及諸《文選》本不誤，陳校不必改焉。

傲我皇使　注：《魏志》曰：黃初二年，植就國。使者灌均希旨，奏植醉酒勃逆。

【陳校】

　　注「《魏志》」。「志」，當作「書」。此王沈《魏書》，見《國志》注。又注「勃逆」。「勃」，作「悖」。

【集說】

　　顧按：「勃」，即「悖」字。

【集說】

　　胡氏《考異》曰：注「《魏志》曰：黃初二年」。陳云：「志，當作書……見《國志》注。」案：所校是也。各本皆譌。

【疏證】

　　奎本以下諸六臣合注本、尤本悉同。謹案：今觀《魏志》裴注正作「《魏書》」參下「《魏志》詔云」條，而本傳文作：「植與諸侯並就國。黃初二年，監國謁者灌均希指，奏植醉酒悖慢」，與善注所引，文辭多處不同，亦可見非出《三國志・魏志》。「勃」，與「悖」同。顧氏說當是。《荀子・修身》：「不由禮，則勃亂提僈」，王先謙《集解》引郝懿行曰：「勃與悖、僈與慢，並同。」《淮南子・氾論》：「為論如此，豈不勃哉？」《說文通訓定聲・泰部》：「勃，叚借為悖。」皆其證。「志」之校，非陳氏不辦。此亦陳所長；文字、音韻則彼所短。本條實為陳校短長得失之典型案例。

時惟篤類

【陳校】

　　《魏志》「惟篤」作「篤同」。

【集說】

　　余氏《音義》曰：何曰：「《魏志》作『時篤同類。』」
　　梁氏《旁證》曰：《魏志》作「時篤同類」。
　　姚氏《筆記》曰：何云：「《志》作『時篤同類。』」

【疏證】

　　諸《文選》本悉同。日古鈔卷十殘卷本、九條本作「唯」，校云：「惟」。

謹案：嘉定本《曹子建集》同。《三國志·魏志》本傳作「篤同」，《通志》本傳同。諸家已及。《文選》自與史志不同，毛本當從尤本等，陳、何聊備異聞而已。

又注：《魏志》詔云：植，朕之同母弟。骨肉之親，舛而不殊。其改封植。

【陳校】

「志」，當作「書」。此王沈《魏書》，見《魏志》注。梁氏《旁證》

【集說】

梁氏《旁證》曰：注：「《魏志》詔云：植，朕之同母弟」至「其改封植」。陳曰云云。是也。各本皆誤。

【疏證】

奎本以下諸六臣合注本、尤本悉同。謹案：「詔」見《魏志》本傳「帝以太后故貶爵安鄉侯」句下裴注，正為「（王沈）《魏書》」。毛本當誤從尤本等，陳校當據《魏志》裴注正之。本條係梁氏《旁證》迻上「傲我皇使」條陳校於此，非陳氏重復出校，故獨見於《旁證》迻錄。是梁氏擅改，不足為法。姑存之。

又注：舛而不殊。

【陳校】

《國志》注作「舍而不誅」。細尋，恐如李注所引為得，謂植雖有過，不忍遽絕耳。又「骨肉之親，析而不殊」，漢宣帝《封海昏侯詔》中語也。

【集說】

余氏《音義》曰：「舛而不殊。」何「舛」，改「舍」、「殊」，改「誅」。

顧按：《求通親親表》注引《漢書》作「粲」，如淳曰：「粲，或為散。」

胡氏《考異》曰：注「舛而不殊。」何校「舛」改為「舍」、「殊」改「誅」。陳云：「《國志》作捨而不誅」云云。今案：陳校是也。考《求通親親表》云：「骨肉之恩，爽而不離。」李彼注引《漢書》「粲而不殊。」如淳曰：「粲，或為散。」此「舛」與「爽」、「粲」、「散」、「析」互異，而義皆同。《漢書·宣紀》作「粲」。《武五子傳》作「析」，當各依其舊。今《國志》蓋誤，而何據

之，非矣。又荀悅《漢紀》宣帝詔作「捨而不誅」，亦後人所改。

梁氏《旁證》曰：何校「舛」改為「舍」、「殊」改「誅」。按《魏志》裴注作「捨而不誅」。此何所據。胡公《考異》曰云云。

許氏《筆記》曰：注「舛而不殊。」《魏志》注作「舍而不誅。」案：《漢書》宣帝《封海昏侯詔》曰：「粲而不殊」。然《魏志》誤也。嘉德案：《說文》：「殊，死也。引漢令曰：『蠻夷長有罪，當殊之。』」段本《說文》「殊」下增「一曰斷也」四字。云「以《左傳釋文》補。」（段）又云：「凡漢詔言殊死者，皆謂死罪也。死罪者，首身分離，故曰殊死。漢令當殊之者，絕之也。夫蠻夷有罪，非能必執而殺之也，而顧著為令哉。此殊有死罪、斷絕二義之證也。」注引《魏志》「舛而不殊」，何校從《魏志》［注］，改「舍而不誅」，陳曰「《國志》作捨而不誅」云云。胡氏曰：「陳校是也。《求通親親表》云：『骨肉之恩，爽而不離。』……《國志》蓋誤而何據之，非矣。」陳、胡所校與此同。

【疏證】

嘉定本《曹子建集》卷五、奎本以下諸六臣合注本、尤本悉同。謹案：「舛」與「爽」、「粲」、「散」、「析」字雖異而義皆同，與「舍（捨）」則字義並異，前胡故得立判何校之非。至於「殊」與「誅」，義雖得通，然在本條語境中用各有異，不可以通叚搪塞。賴陳從情理及引《漢詔》為出處之證，方得明是非取舍矣。此亦陳校援《漢書》為證，以證同引王沈《魏書》，善注作「殊」較《魏志》裴注作「誅」，為得真相，是陳校以《選》正史典型成功之例。胡氏《考異》繼以本書《求通親親表》正面佐證陳校，嘉德則引段注《說文》，證何校之改不當，從反面證成陳校、前胡之說，洵並為陳校功臣。

哀予小臣　注：《儀禮》曰：小臣正辭。

【陳校】

「哀予小臣」。「臣」，《魏志》作「子」。五臣同。

【集說】

余氏《音義》曰：《魏志》「臣」作「子」。

梁氏《旁證》曰：六臣本「臣」作「子」。校云：善作「臣」。案：《魏志》亦作「子」，是也。此恐誤，且與下「有君無臣」韻複。

胡氏《箋證》曰：《旁證》曰云云。紹煐按：善本作「臣」，故注引《儀

禮》曰：「小臣正辭」。此與下「于河之濱」韻。下「臣」、「身」另自為韻。作「子」，則失其韻矣。梁校非。許氏《筆記》曰：《魏志》作「小子」，非是。「臣」字雖複用，古詩不以為嫌。作「小子」則失韻矣。

姚氏《筆記》曰：何云：「臣」，《志》作「子」。

【疏證】

尤本同。五臣正德本、陳本作「子」。奎本以下諸六臣合注本同，校云：善本作「臣」字。日古鈔卷十殘卷本、九條本同五臣。謹案：《三國志‧魏志》本傳作「子」。尤氏《考異》曰：「五臣作小子。」善本作「臣」，注引《儀禮》可證。五臣求異善注，乃從《魏志》。後胡《箋證》、許說以「失韻」證作「子」之非，誠得其宜。陳、何校聊備異聞而已。

光光大使，我榮我華

【陳校】

《魏志》作「朱紱光大，使我榮華」。

【集說】

余氏《音義》曰：何曰：「《志》作：朱紱光大，使我榮華。」

孫氏《考異》同何校。

胡氏《考異》曰：注「《魏志》曰：朱紱光大。」袁本、茶陵本無此七字。案：二本是也。考《國志》下文，「光光大使，我榮我華」，作「朱紱光大，使我榮華」，然則，「朱紱光大」乃「光光大使」句之異，不應以注此明甚矣。必或記於旁，而尤延之誤取耳。又案：善下文注引「光光常伯」，是《選》本無誤。今《國志》自不與善同，何、陳皆用《國志》校者，亦非。當各依本書。餘所有異同，準此。

梁氏《旁證》同孫氏《考異》。

姚氏《筆記》曰：何曰云云。

【疏證】

諸《文選》本悉同。謹案：上文「冠我玄冕，要我朱紱」，善注：「《魏志》曰：朱紱光大。」胡氏《考異》謂「今《國志》自不與善同」，可為一切以史志校《選》文之借鑒，固亦中何、陳用《國志》校之所失者，然陳、何校大抵引《志》文備異聞，並非必判定是非。至於陳校，亦有是善注而非《國志》如

上「時惟篤類」條者，亦不可少。要之，不可一概而論，當就規定語境作具體分析。

注：揚雄《侍中箴》曰：光光韋伯。

【陳校】

注「韋伯」。「韋」，作「常」。

【集說】

余氏《音義》曰：「韋伯」。「韋」，何改「常」。

【疏證】

奎本以下諸六臣合注本、尤本作「常」。謹案：《玉海》卷五十九、卷百二十三兩引作「常伯」。本書劉越石《答盧諶》「光光叚生」諸本善注引此《箴》，亦作「常伯」。此毛本獨誤。陳、何校當從本書內證、尤本等正之。

剖符受土

【陳校】

「受土」。《魏志》作「授玉」。

【集說】

余氏《音義》曰：《魏志》「受土」作「授玉」。

孫氏《考異》曰：「土」，《魏志》、五臣並作「玉」。

梁氏《旁證》曰：《魏志》「受土」作「授玉」。五臣同，翰注可證。

許氏《筆記》曰：「土」，何改「玉」，依《魏志》。

【疏證】

尤本同。五臣正德本、陳本作「玉」。奎本、明州本、贛本悉作「玉」，校云：善作「土」。惟建本校誤善作「上」。日古鈔卷十殘卷本、九條本作「土」，校云：「玉五五臣作玉」。《魏志》作「玉」。尤氏《考異》曰：「五臣作受玉。」謹案：五臣作「玉」，翰注可證。毛本當從尤本，陳、何校欲從袁本、《魏志》等改，非必是。善注有「《喻巴蜀檄》曰：剖符而封，析珪而爵」，上句似應「剖符」，下句似切「受玉」，此何所以遽改從「玉」耳。其實善此注未必兼顧上下二句，「今《國志》自不與善同」，前胡說，或亦適用於本條。

生命不圖　注：《毛詩傳》曰：不慮不圖。

【陳校】

　　注「《毛詩傳》」。「傳」，當作「箋」。

【集說】

　　胡氏《考異》曰：注「《毛詩》傳曰：不慮不圖」。陳曰云云。案：《雨無正》：「弗慮弗圖」箋云：「而不慮不圖」，此引之以注「不圖」也。

　　梁氏《旁證》曰：陳曰云云。是也。胡公《考異》曰：「按：《雨無正》」云云。

【疏證】

　　奎本以下諸六臣合注本同。尤本無「傳」字。謹案：語見《毛詩注疏・小雅・雨無正》，正是鄭《箋》。胡刻尤本亦誤作「傳」，此或毛本所遠宗者。陳校當從《毛詩》正之。本條可證，前胡所據尤本，蓋黃丕烈所藏本。

常懼顛沛　注：《論語》曰……馬融曰：顛沛，僵什也。

【陳校】

　　注「僵什」。「什」，作「仆」。

【疏證】

　　奎本以下諸六臣合注本、尤本悉作「仆」。謹案：馬融語，見《論語集解義疏・八佾》，正作「仆」，本書《魏都賦》「建鄴則亦顛沛」注引同。毛本獨誤，蓋手書「仆」與「什」形極相似，此刻工之過。

應詔詩一首

雖有餱糧　注：《毛詩》曰：乃裹餱糧。毛萇曰：餱糧食也。

【陳校】

　　注「餱糧（食也）」。「糧」字衍。此引《小雅・伐木》三章傳文。

【集說】

　　胡氏《考異》曰：注「餱糧食也。」陳曰云云。是也，各本皆衍。

　　梁氏《旁證》曰：陳曰：「糧字，衍。此《詩・伐木》傳文」。

【疏證】

　　奎本以下諸六臣合注本、尤本並同。謹案：語見《毛詩注疏・小雅・伐木》，正無「糧」字，《漢書・宣帝紀》「乾餱以愆」顏注引同。本書張平子《思玄賦》「屑瑤蘂以為粻兮」注引亦無「糧」字。六臣、尤本等涉正文而衍，毛本當誤從之，陳校當據《毛詩》、本書內證等正之。

面邑不遊

【陳校】

　　「不」。《魏志》作「非」。

【集說】

　　梁氏《旁證》曰：《魏志》「不」作「非」。

【疏證】

　　諸《文選》本咸作「不」。謹案：嘉定本《曹子建集》卷五亦作「不」。《魏志》本傳作「匪」，與「非」同。毛本當從尤本等，字異義同，陳校祇備異聞而已。

涉澗之濱　　注：孔安國《尚書傳》由濱，涯也。

【陳校】

　　注「由濱」。「由」，作「曰」。

【疏證】

　　奎本以下諸六臣合注本、尤本悉作「曰」。謹案：《尚書》，見《禹貢》「海濱廣斥」孔傳，正當作「曰」。本書班孟堅《西都賦》「鄠杜濱其足」注、《責躬詩》「奄有海濱」注引並作「曰」。此毛本獨因「由」、「曰」形近傳寫致譌，陳校當據《尚書》、本書內證、尤本等正之。

西濟關谷　　注：陸機《洛陽記》曰：洛陽在西關。

【陳校】

　　「濟」，當作「躋」。又注「洛陽在西關。」「在」，作「有」。

【集說】

　　余氏《音義》曰：「在西」。「在」，何改「有」。

【疏證】

　　諸《文選》本咸作「濟」。奎本以下諸六臣合注本、尤本注悉作「有」。謹案：《魏志》本傳、《藝文類聚》卷三十九、嘉定本《曹子建集》並作「濟」。「濟」與「躋」通。《漢從事武君碑》：「大位不濟，為眾所傷。」黃公渚注：「濟，讀為躋，登也。蔡邕《陳太丘碑》：『大位未躋。』」是其證。陳校必作「躋」，泥。「有」字，毛本獨因形近譌「在」，陳、何校當從尤本等改正。

彌節長騖　注：《楚辭》曰：吾令羲和彌節兮。司馬彪《上林賦注》曰：弭節，安志也。

【陳校】

　　注「彌節」。「彌」，作「弭」。

【疏證】

　　諸《文選》本咸作「弭」。奎本以下諸六臣合注本、尤本並注同。謹案：《魏志》本傳、嘉定本《曹子建集》卷五並作「弭」。《楚辭章句》、《補注》、《集注》並注作「弭」，本書《離騷經》並注同。然則，善與五臣並作「弭」，無別。「彌」、「弭」為古今字。《周禮·春官·小祝》：「彌裁兵，遠辠疾」鄭玄注：「彌，讀曰敉。敉，安也。」孫詒讓正義：案：「《大祝》先鄭注曰：『化祝弭災兵也。』《郊特牲》云：『祭有祈焉，有報焉。有由辟焉』，注云：『辟，讀為弭。謂弭災兵，遠罪疾也。』字並作弭……竊疑漢時通用彌為弭。此經例用古字作彌，注例用今字當作弭……至此經凡用彌者，並取安息禦止之義。」《漢書·王莽傳上》：「以彌亂發奸」顏注：「彌，讀曰弭。弭，止也。」皆其證。此毛本好用古字之癖，陳校當據《楚辭》、本條善注、本書內證、尤本等改，然亦不必改焉。

憂心如醒　注：《毛詩》曰：憂心如醒，謂秉國也。

【陳校】

　　注「謂秉國也」。「謂」，作「誰」、「也」作「成」。

【疏證】

　　奎本以下諸六臣合注本、尤本悉作「誰」、「成」。謹案：語見《毛詩注疏·小雅·節南山》，正作「誰」、「成」。毛本當從尤本，然傳寫因形近而誤二字，

陳校當據《毛詩》、尤本等正之。

關中詩一首　潘安仁

題下注：岳上特表曰……案《漢紀》：孝明時，……而死生異辭，必有
訛謬。

【陳校】

　　注「岳上特表」。「特」，作「詩」。又「《漢紀》」。「紀」，作「記」。「訛謬」。
「訛」，作「詭」。

【疏證】

　　奎本以下諸六臣合注本、尤本悉作「詩」、「記」、「詭」。謹案：但據上下
文，可必「特」，蓋「詩」字傳寫之譌。寶林使降羌事，見本詩「不見寶林，
伏尸漢邦」注引《東觀漢記》曰：「護羌寶林奉使羌，顓岸降詣林，林欲以為
功效，奏言大豪。後顓岸兄顓吾復詣林，林言其第一豪。問事狀，林對前後
兩屈，林以誣罔詣獄。上不忍誅，免官。後涼州刺史奏林贓罪，復收繫羽林
監，遂死獄中。」檢今本《東觀漢記·西羌》篇全同，然《西羌》篇有注云：
「案：顓岸、顓吾，范《書》本傳作滇岸、滇吾。」據此，則善注所引確為
《東觀漢記》，而非他書，故陳校乃據《東觀漢記》、本書內證、尤本等以正毛
本作「紀」之失耳。「訛謬」與「詭謬」義相近，然比照本文，寶林之結局，
一言「下獄死」；一言「齊萬年編戶，隸屬為日久矣」，死生之間，怪異逾常，
且潘用意本在引此為戒，「以懲不恪」，何況複有諸《文選》本為佐證，故字期
期以作「詭」為宜。陳校是矣。

刑簡枉錯　注：語語曰：舉直措諸枉。

【陳校】

　　注「語語」。上「語」作「論」。又「措諸枉」。「措」，作「錯」。

【疏證】

　　奎本以下諸六臣合注本、尤本悉作「論」、「錯」。謹案：語見《論語注
疏·為政》，「論」固不必再言。「措」字正作「錯」，然音義曰：「鄭本作措。」
唐·陸贄《翰苑集·論朝官闕員及刺史等改轉倫序狀》、宋·蘇轍《古史·

孔子弟子列傳》引《論語》此句並作「措」。「措」，與「錯」本通。《說文·手部》：「措，置也。」段注：「立之為置，捨之亦為置。捨之義亦如是。經傳多叚錯為之。」又，《說文·金部》段注：「錯，或借為措。措者，置也。」陳校或亦拘泥於經傳多用「錯」歟？毛本上「語」涉下而譌，「措」字未必譌。

威懷理二　注：《左氏傳》：……晉郤缺言於趙宣子曰：叛而不討，何以示威？

【陳校】

注「叛而不討」。「叛」，作「叛」。

【疏證】

奎本以下諸六臣合注本、尤本悉作「叛」。謹案：語見《春秋左傳注疏·文公七年》，字正作「叛」，《藝文類聚》卷二十五、《太平御覽》卷四百六十引、《白孔六帖》卷五十一「出征」同。本書傅季友《為宋公至洛陽謁五陵表》「威懷司雍」注引亦同。毛本獨因形近傳寫而誤，陳校當據《左傳》、尤本等正之。

兵不素肄　注：以實切其其賈逵《國語注》曰。

【陳校】

注「其其」。衍一「其」字，當空一格。

【疏證】

尤本正文「肄」下注作「以實切□空脫一字其二」。奎本「肄」下注：「音異□空脫一字其二」。明州本「肄」下無音注。贛本正文「肄」下注作：「異□空脫一字其二」。建本「肄」下注作：「音異其□□空脫二字）。謹案：據毛本音注用反切作「以實切」，可判定毛本當宗祖尤本，然則，上「其」前，當空一格，下「其」字，當作「二」，方妥。奎本等音注用直音法，「音異」下空一格，下接「其二」，亦是。可為尤本格式之佐證。毛本之譌，在古人習以楷書兩點為重文符號，先有傳寫者將「二」誤認作重文符號，復由此致「其其」重文耳。陳校謂衍一「其」字，可；然不能於「其」字下補一「二」字，則仍未能得其真也。

翹翹趙王　注：傅暢《晉諸公讚》曰：司馬倫……封趙王，進征西假節都督雍梁晉諸軍事。

【陳校】

注「都督雍梁晉」。「晉」，作「秦」。

【集說】

胡氏《考異》曰：注「都督雍梁晉諸軍事」。陳云：「晉，當作秦。」是也，各本皆譌。

梁氏《旁證》曰：陳曰云云。各本皆誤。

許氏《筆記》曰：「趙王」。注「都督雍梁晉諸軍事」。「晉」，當作「二州」。嘉德案：胡氏曰：「陳云：『晉，當作秦。』」與此校異。

【疏證】

奎本以下諸六臣合注本、尤本誤同。謹案：今《晉書・趙王傳》無載都督三州名，雍、梁與秦州毗鄰，不與晉連，此當陳據地理、職官志等校。毛本當誤從尤本等。

桓桓梁征　注：《尚書》曰：勗哉，夫子尚桓桓。

【陳校】

注引《尚書》「尚桓桓」之文，似當引「《詩》：『桓桓于征』，毛《傳》曰：『桓桓，威武貌』」。

【疏證】

奎本以下諸六臣合注本、尤本悉同。謹案：此陳校善注引文不當。可備一說。

貞節舉克

【陳校】

「舉克」，二字當乙。

【疏證】

諸《文選》本咸作「克舉」。謹案：五臣作「克舉」，翰注可證。《晉書》、《通志・周處傳》引並作「克舉」。此毛本獨傳寫而倒，陳校當據《晉書》、尤

本等正之。

誰為荼苦　注：《毛詩》曰：誰謂荼苦？

【陳校】

　　「誰為荼苦。」「為」，作「謂」。

【集說】

　　孫氏《考異》曰：「謂」誤「為」。

　　許氏《筆記》曰：「誰為」。依注作「誰謂」。

【疏證】

　　五臣正德本、陳本作「謂」。奎本、明州本作「荼苦，上同五臣注」。五臣銑注引《毛詩》作「謂」。贛本已正奎本等誤，以引《毛詩》歸為善注，並注作「謂」，建本同。尤本並注作「謂」。謹案：《毛詩》，見《邶風·谷風》，字正作「謂」。據善注引《毛詩》既作「謂」，按理，正文自當作「謂」，然「為」與「謂」同，且宋·王與之《周禮訂義》卷七十五「望而眡之，欲其荼白也」引《毛詩》亦作「為」。此毛本癖用叚字，陳校不改亦宜。王氏《釋詞》卷二嘗有通論。其「為」字條云：「家大人曰：為，猶謂也。《宣二年穀梁傳》曰：『趙盾曰：天乎，天乎！予無罪。孰為盾而忍弒其君者乎？』言孰謂盾而忍弒其君者也。《公羊傳》曰：『趙盾曰：吾不弒君，誰謂吾弒君者乎？』是其證。范注訓「為」為「作」。失之。《孟子·告子篇》：『為是其智弗若與？』為與謂同義。趙注曰：「為，是謂其智不如也。」分為與謂為二。失之。曰：非然也。』言謂是其智弗若也。……《墨子·公輸篇》曰：『宋所為無雉兔、狐狸者也』，《宋策》為作謂。」又，同卷「謂」字條，王引之曰：「家大人曰：謂，猶為也。為、謂，一聲之轉，故為可訓謂，謂亦可訓為。互見為字下。」王氏父子言之甚明。

白骨交衢　注：《古出夏北門行》曰：白骨不覆，疾厲淫行。

【陳校】

　　注「疾厲」，作「疫癘」。

【疏證】

　　奎本以下諸六臣合注本、尤本悉作「疫癘」。謹案：既與「淫行」連文，則自當作「疫癘」。本詩下文「疫癘淫行，荊棘成榛」注復引《古出夏北門行》

正作「疫癘」。毛本傳寫獨譌，陳校當從本書內證、尤本等正之。

化為狄孚　注：賈逵《國語注》曰：伐國取人曰俘。

【陳校】

　　「化為狄孚」。「孚」，作「俘」。

【疏證】

　　諸《文選》本咸作「俘」。謹案：本書李令伯《陳情表》「今臣亡國賤俘」注、沈休文《齊故安陸昭王碑文》「小則俘民略畜」注引賈注並作「俘」。善注作「俘」，賈注已明，五臣作「俘」，良注可證。然「孚」，與「俘」同。王國維《鬼方昆夷獫狁考》：「孚，即俘之本字。《小盂鼎》：『孚人萬三千八十一人。』」即其證。此亦毛本好用古文之例。陳校亦不必改焉。

尸素以甚　注：薛君《韓詩章句》曰：何謂素餐？素餐者，質人但有質朴而無治民之材，名曰素餐。

【陳校】

　　注「素餐者，質」。「餐」字衍。有二十五卷傅長虞詩注可據。

【疏證】

　　奎本以下諸六臣合注本、尤本衍同。謹案：陳所謂「傅長虞詩注」，見本書傅長虞《贈何劭王濟》詩「尸素當言歸」注，作「素者質人」。曹子建《求自試表》「《詩》之素餐所由作也」注，則作「素者質也人。」以曹《表》引最是。然則，毛本當誤從尤本等，陳校能正「餐」字之衍，不能補「也」字，是尚失一間。此亦前胡漏錄、漏校者。

命被上谷　注：王隱《晉書》曰：孟觀，……封上谷郡公。

【陳校】

　　「命被上（國）〔谷〕。」「被」，作「彼」。

【集說】

　　孫氏《考異》曰：「彼」誤「被」。

【疏證】

　　諸《文選》本咸作「彼」。謹案：觀注，「上谷」蓋指「上谷郡公」孟觀，

則自當作「彼」，然「被」，實通「彼」。《荀子‧宥坐篇》：「還復瞻被，九蓋皆繼，彼有說耶，匠過絕耶？」楊倞注：「被，皆當為彼。」《說文通訓定聲‧隨部》：「被，叚借為彼。實助語之辭。」毛本所用為假字，不得謂誤，陳校失之泥。

親奉成規　注：《孫資別傳》曰：成規之畫，資皆管之。

【陳校】

注「之畫」。「之」字，疑。

【集說】

胡氏《考異》曰：注「成規之畫。」陳曰云云。今案：《國志》注所引作「外規廟勝之畫」，或此傳寫譌脫也。

梁氏《旁證》曰：陳曰云云。胡公《考異》曰：「《國志》注」云云。

【疏證】

奎本以下諸六臣合注本、尤本悉同。謹案：「《國志》注」，謂《魏志‧陳放傳》裴注引《（孫）資別傳》。毛本當從尤本等，陳校、前胡說或是。

虛皛湳德　注：漢明帝時，羌湳狐奴歸化，是其先也。

【陳校】

注「明帝」。「明」，作「沖」。

【集說】

余氏《音義》曰：「漢明帝」。「明」，何改「沖」。

朱氏《集釋》曰：余謂：善注云：「羌人因水為姓。漢沖帝時，羌湳狐奴歸化，是其先也。」此亦酈注語。

【疏證】

奎本以下諸六臣合注本、尤本悉作「沖」。《水經‧河水注》：「其水又東南流，羌人因水以氏之。漢沖帝時，羌湳狐奴歸化，蓋其渠帥也。」宋‧鄧名世《古今姓氏書辯證》卷二十八：「湳，《水經》曰：『湳水出西河美稷縣，東南流。』《東觀記》：『羌人因水以氏之。漢沖帝時，羌湳狐奴歸化，蓋其渠帥也。』潘安仁《關中詩》曰：『虛皛湳德。德乃狐奴之後。』」謹案：今本《東觀漢記》惟「金城隴西卑湳勒姐種羌反，出塞外」二句，同《文選》善注。蓋

其上下文已闕佚。鄧氏《辨證》，其實出善注。惟《水經注》可佐證「明」當作「沖」。陳、何校所依當《水經注》、尤本等。

否則證空　注：其言當者，明示以事實；其理否者，顯告之獄空。

【陳校】

注「獄空」。「獄」，作「狀」。

【疏證】

奎本以下諸六臣合注本、尤本悉作「狀」。謹案：毛本獨因形近而譌，陳校蓋從上下文義、尤本等正之。

以古況今　注：言古弱今彊而勝之。

【陳校】

注「言古弱」。「弱」下，脫「而患」二字。

【疏證】

奎本以下諸六臣合注本、尤本悉有「而患」二字。謹案：此毛本傳寫偶奪。陳校蓋從尤本等補正。

師旅既加　注：《論語》：子曰：加之以師旅。

【陳校】

注「子曰」。「子」下，脫「路」字。

【集說】

胡氏《考異》曰：注「《論語》子曰」。何校「子」下添「路」字。陳同。各本皆脫。

梁氏《旁證》曰：何校曰云云，然《晉書·食貨志》引亦作孔子語。

【疏證】

奎本以下諸六臣合注本、尤本悉脫。謹案：《藝文類聚》卷二十六、《漢書·刑法志三》引作「子路」，《宋書·禮一》引作「季路」不同。按之《論語·先進》自當作「子路」。本書潘安仁《馬汧督誄》「咸使有勇」注引亦作「子路」。毛本獨脫，陳、何當據《論語》、本書內證等補之。

公讌詩一首　劉公幹

劉公幹　注：《魏志》曰：少有學，大道辟丞相掾屬……減死輸作。

【陳校】

　注「大道」，當作「太祖」。

【集說】

　胡氏《考異》曰：注「少有學」下至「減死輸作」。袁本、茶陵本無此四十二字。有「為司空軍謀祭酒掾屬，轉為平原侯庶子，後為五官將有文學」二十四字。案：二本是也。

【疏證】

　尤本作「太祖」。奎本、贛本、建本同袁、茶二本。明州本省作「善同良注」。謹案：尤本或別有所本，毛本從尤本，而復傳寫有誤。陳就誤本為說，亦未得真諦。當依奎本等為正。明州本則以五臣亂善，益非。

珍木鬱蒼蒼　注：《新語》曰：梗梓豫章，立則為眾木之珍。

【陳校】

　注「梗梓」。「梗」，作「楩」。

【疏證】

　奎本以下諸六臣合注本、尤本悉作「楩」。謹案：漢・陸賈《新語》，見《資執》篇，云：「夫楩柟豫章，天下之名木。……立則為太山眾木之宗，仆則為萬世之用」云云，正作「楩」字，《太平御覽》卷六百七引同，同書卷三百二十七引《尸子》亦同。楩梓（或柟）豫章，古人視為美材，此毛本獨因形近傳寫而譌。陳校當從《新語》、尤本等正之。

投翰長嘆息　注：翰，筆毛也。

【陳校】

　注「筆毛」。「毛」，作「毫」。

【疏證】

　奎本以下諸六臣合注本、尤本悉作「毫」。謹案：本書潘安仁《秋興賦》「于是染翰操紙」注作「筆毫」。陸士衡《文賦》「或含毫而邈然」，注云：「毫，

謂筆毫也。」可相互印證。毛本傳寫而譌，陳校據本書內證、尤本等正之。

皇太子宴玄圃宣猷堂有令賦詩一首　　陸士衡

黃暉既渝，渝素靈承祜　注：建安五年初桓帝時，有黃星見於楚、宋之分野。遼東殷道善天文。

【陳校】

注「建安五年」下，有脫誤。又「遼東殷道」。「道」，作「馗」。

【集說】

余氏《音義》曰：「殷道」。六臣「道」作「馗」。

姚氏《筆記》曰：何云：「五年下，有脫誤。」

許氏《筆記》曰：何曰云云。案：此注見《魏志》，互見王元長《永明九年策秀才文》。

【疏證】

奎本以下諸六臣合注本及尤本脫同、作「馗」。謹案：此注見《魏志・武帝紀》。「初」上無「建安五年」字、作「馗」。《北堂書鈔・徵應》「黃星見楚宋」注並同。本書《永明九年策秀才文》「漢秉素祗之徵，魏稱黃星之驗」注引《魏志》亦無「建安五年」字、作「馗」字。既云「初桓帝時」，便不得直接「建安五年」字，故陳、何謂「五年下有脫誤」也。脫文，毛本當誤從尤本等，譌「道」，則毛本獨因形近傳寫誤耳。陳校當據《魏志》、本書內證等補正之。

乃眷斯顧，祚之宅土　注：《毛詩》曰：乃眷西顧，惟此與宅……《尚書》曰：降丘宅王。

【陳校】

注「惟此」二字當乙。又「宅王」。「王」，當作「土」。

【集說】

胡氏《考異》曰：注「唯此與宅。」陳云：「『唯此』二字當乙。」各本皆倒。

梁氏《旁證》同胡氏《考異》。

【疏證】

奎本作「此惟」、「宅土」。明州本、贛本、尤本、建本作「惟此」、「宅土」。謹案：《毛詩》，見《大雅·皇矣》篇，作「維此」；《尚書》見《禹貢》，字正作「土」。「惟此」，毛本當從贛、尤本、《毛詩》等，而漢·王符《潛夫論·班祿》、《淮南子·氾論》、《北堂書鈔·應運》引《詩》並作「此惟」，此或陳校所據，可廣異聞，然不必乙；「王」字，毛本獨誤，陳校蓋從《尚書》、尤本等正之。

天曷仰澄 注：言日澄清也。謂不薄蝕。

【陳校】

「言日」。當據左太沖詩注，作「《方言》曰」。

【集說】

胡氏《考異》曰：注「言日澄清也。」袁本、茶陵本但有「澄」字，無上「言日」、下「清也」四字。陳曰云云。案：此或尤延之校添而又脫誤耳。

梁氏《旁證》曰：陳曰云云。

【疏證】

尤本同。奎本以下諸六臣合注本同袁、茶二本。謹案：本書左思《詠史詩》「左眄澄江湘」，注：「《方言》曰：澄，清也。」謝靈運《遊南亭》「時竟夕澄霽」善注亦作：「澄，清也。」皆見善注「澄」，多從《方言》說，本條實同。毛本當誤從尤本，陳校不為非。「謂不薄蝕」，蓋五臣翰注竄入。前胡謂「尤延之校添而又脫誤」，亦未必然也。

在工戴考 注：《毛詩》曰：在宗戴考。

【陳校】

「戴」，作「載」。注同。

【疏證】

奎本以下諸六臣合注本、尤本並注作「載」。謹案：《毛詩》，見《小雅·湛露》正作「載」。「戴」實與「載」通。參下任彥升《劉先生夫人墓誌》「欣欣負載」條。然《詩經》既作「載」，毛本濫用古字，雖不為譌，亦不足為訓。從陳校為宜。

蕞爾小臣　注：《左氏傳》：子產曰：諺云：蕞爾小國。

【陳校】

　　注「蕞爾小國。」「小」字，衍。

【集說】

　　顧按：此與今本不同耳，《養生論》注亦有「小」字也。

【疏證】

　　奎本以下諸六臣合注本、尤本悉同。謹案：《左傳》，見《昭公七年》，正無「小「字，然本書《魏都賦》「宵貌蕞陋」、《養生論》「蕞爾之軀」善注引《左氏傳》並作「蕞爾小國」。或李善所見如此，顧按不為無理。參上《魏都賦》「宵貌蕞陋」條。陳校未必是，前胡《考異》所以不取耳。

大將軍宴會被名作詩一首　陸士龍

致天之屆　注：《毛詩》曰：致天之屆。毛萇曰：屆，極也。

【陳校】

　　注「毛萇」，當作「鄭玄」。

【集說】

　　余氏《音義》曰：「毛萇曰屆」。「毛萇」，何改「鄭玄」。

　　梁氏《旁證》曰：何校「毛萇」改「鄭玄」。

　　姚氏《筆記》曰：何校改「鄭《箋》」。範按：《爾雅》作「極」，鄭《箋》作「殛」。

【疏證】

　　奎本以下諸六臣合注本、尤本同。謹案：《毛詩》見《魯頌·閟宮》，正為鄭《箋》。惟鄭《箋》作「殛」耳。毛本傳寫偽譌，陳校當據《毛詩》、尤本等正之。「殛」，與「極」通。《書·洪範》：「鯀則殛死，禹乃嗣興」孔傳：「放鯀至死不赦。」釋文：「殛，本或作極。」段注《說文·歺部》：「殛，本殊殺之名。《堯典》『殛鯀』，則為極之段借，非殊殺也。」

天錫難老 注：言賜之難老，合壽考也。

【陳校】

注「合壽考」。「合」，作「令」。

【集說】

胡氏《考異》曰：注「合壽考也。」陳曰云云。是也，各本皆譌。

梁氏《旁證》同胡氏《考異》。

【疏證】

奎本以下諸六臣合注本、尤本誤同。謹案：語見《毛詩注疏·魯頌·泮水》「永錫難老」鄭箋云：「長賜其難使老。難使老者，最壽考也。」本書何平叔《景福殿賦》「永錫難老」注作「令其壽考。」毛本「合」、「令」形近而譌。陳校當從《毛詩》、本書內證等正之。

晉武帝華林園集詩一首　應吉甫

嘉禾重穎 注：《孝經援神契》曰：王者德至地，則嘉禾生。《東觀漢記》曰：濟陽縣嘉禾生，一莖九穗。

【陳校】

注引「《孝經援神契》、《東觀漢記》」。按：「嘉禾」句，乃用《書·序》唐叔歸禾事。司馬氏開國于晉，即陶唐遺墟，歸禾舊壤，故曰「重穎」。與下句用「堯階蓂莢」，其義同耳。

【疏證】

奎本以下諸六臣合注本、尤本悉同。謹案：此條陳正善注援引不當，故前胡不取。孫氏《補正》、朱氏《集釋》並有論及，可參。

九有斯靖 注：《毛詩》曰：奄有九州。

【陳校】

注「九州」。「州」，作「有」。

【集說】

胡氏《考異》曰：注「奄有九州。」陳曰云云。各本皆誤。

梁氏《旁證》同胡氏《考異》。

【疏證】

明州本、尤本、建本誤同。奎本、贛本作「有」。謹案：語見《毛詩注疏・商頌・玄鳥》，正作「九有」。《傳》曰：「九有，九州也。」本書何平叔《景福殿賦》「九有雍熙」注、潘安仁《為賈謐作贈陸機》「芒芒九有」注、陸士衡《弔魏武帝文》「濟元功於九有」注引並作「九有」。明州本蓋涉毛《傳》而譌，尤本、建本、毛本遞相誤踵，陳校當據《毛詩》、正文、本書內證、贛本等正之。

有酒斯飫　注：杜預曰《左氏傳注》曰：飫，厭也。

【陳校】

注「杜預曰」。「曰」字，衍。

【疏證】

奎本以下諸六臣合注本、尤本「左」上並無「曰」字。謹案：杜注，見《春秋左傳注疏・襄公二十六年》「加膳則飫賜」注。但觀上下文義，「左」上亦不得有「曰」字。本書王仲宣《從軍詩》「軍中多飫饒」注引亦不衍「曰」字。此毛本傳寫獨衍，陳校當據《左傳》、上下文義、本書內證、尤本等正之。

九日從宋公戲馬臺集送孔令詩一首　謝宣遠

謝宣遠　注：宋書七志曰：謝瞻，字宣遠。

【陳校】

注「宋書七志」。「宋」，疑作「今」，《今書七志》，見《百一詩》題下注。注引《今書七志》處甚多，《百一詩》題下，特其一耳。又證以《王文憲集序》，「宋」字之誤無疑矣。

【集說】

胡氏《考異》曰：注「宋書七志曰」。袁本「宋」，作「今」，茶陵本亦作「宋」。陳曰云云。案：所說是也。

梁氏《旁證》曰：六臣本「宋」作「今」。陳曰：「注引《今書七志》處甚多，《王文憲集序》(注)可證。」是也。又見後裴道彥詩注下。

許氏《筆記》曰：案：《今書七志》，王儉撰。作「宋書」，譌。嘉德案：

六臣袁刻宋本作「今書」不誤，陳、胡校亦作「今書」。

【疏證】

奎本、贛本、尤本、建本誤「宋」。明州本省作「善同向注」亦誤「宋」。謹案：《隋書・經籍志二》載：「《今書七志》七十卷。王儉撰。」本條盡顯陳校倚重本書內證之特色。本書陳校所指任彥昇《王文憲集序》，見序末：「（王儉）撰《古今集記》、《今書七志》為一家言」云云，陳校所謂「注引《今書七志》處甚多」，除陳校已及之應璩「《百一詩》題下注」外，複有《海賦》作者「木玄虛」下注、《雜詩》作者「棗道彥」下注、《雜詩》作者「張季鷹」下注、《出師頌》作者「史孝山」下注四處，並作「今」字。上述諸《文選》本，袁本最是，彼當出裴本。此例可見裴、袁本系統之可寶。毛本當誤從尤本等，陳校、前胡說皆是。

又注：東郡人也。……瞻之所作冠于時。

【陳校】

注「東郡」。「東」作「陳」。又「冠于時」。「于」下脫「一」字。

【集說】

余氏《音義》曰：「東郡」。「東」，何改「陳」。

胡氏《考異》曰：注「東郡人也。」袁本、茶陵本「東」作「陳」，是也。又曰：袁本、茶陵本「時」上有「一」字，是也。

梁氏《旁證》曰：注「陳郡人也。」尤本「陳」作「東」，誤也。

許氏《筆記》曰：「東郡人」，當為「陳郡人」。

【疏證】

奎本、贛本、建本並作「陳」、「于」下有「一」字。尤本作「陳」、脫「一」。明州本省作「善同向注」。謹案：《宋書》本傳作「陳郡陽夏人。」毛本傳寫獨譌「東」，陳、何校蓋據尤本等正其譌。毛本脫「一」字，蓋誤從尤本，陳校復據贛本等補脫。

風至授寒服 注：《禮記》又曰：衣服有量，以循其故。

【陳校】

注「以循其故」。「以」，作「必」。

【疏證】

奎本以下諸六臣合注本、尤本作「必」。謹案:《禮記》,見《月令》篇,正作「必」。《呂氏春秋·八月紀》同。毛本獨因「必」、「以」形近致譌。陳校當據《禮記》、尤本等正之。

歡餘謙有窮

【陳校】

「謙」,作「宴」。

【疏證】

五臣正德本、陳本作「宴」,奎本以下諸六臣合注本同。尤本作「讌」。謹案:「讌」與「宴」同。段注《說文·宀部》:「宴,經典多叚燕為之。」毛本宗祖尤本,獨因「謙」、「讌」形近傳寫致譌。

歡心嘆飛蓬　　注:《列子》:適值寡人有懽心。

【陳校】

注「懽心」。「懽」,作「歡」。

【疏證】

奎本以下諸六臣合注本作「歡」,尤本作「懽」。謹案:《列子》,見《說符》篇,作「歡」。《正字通·心部》:「懽,同歡。」《說文·欠部》:「歡者,喜樂也。」段注:「懽與歡,音義皆略同。」毛本宗祖尤本,因「懽」、「懽」形近致譌,陳校當從正文、《列子》、六臣合注本等正之。

樂遊應詔詩一首　　范蔚宗

原薄信平蕪　　注:王逸《楚辭注》曰:草木交曰薄處。

【陳校】

注「處」字,當在「交」字下。

【集說】

胡氏《考異》曰:注「草木交曰薄處。」陳曰云云。案:「處」,衍字耳,各本皆譌,今《楚辭注》「交」下有「錯」字,善引不備。《登廬山香爐峰》詩

注，亦如此。

　　梁氏《旁證》曰：陳曰云云。胡公《考異》曰「處，衍字耳」云云。

【疏證】

　　奎本以下諸六臣合注本、尤本誤同。謹案：「草木交錯曰薄」，見《楚辭章句·涉江》「露申辛夷死林薄兮」句注。本書江文通《從冠軍建平王登廬山香鑪峯》詩注作「草木交曰薄」，見「縫氣下縈薄」句下，亦脫「錯」字。又，鮑明遠《蕪城賦》「叢薄紛其相依」、馬季長《長笛賦》「隱處安林薄」、陸士衡《赴洛詩》「谷風拂脩薄」等句，善引王逸注並脫「錯」字。前胡云「善引不備」，甚是。陳校欠審。

九日從宋公戲馬臺集送孔令詩一首　謝靈運

弭棹薄枉道　　注：《楚辭》曰：朝發枉渚。

【陳校】

　　「道」，作「渚」。

【集說】

　　孫氏《考異》曰：「弭棹薄枉渚」。「渚」誤「道」。

　　許氏《筆記》曰：「枉道」。依注作「枉渚」。

【疏證】

　　諸《文選》本咸作「渚」。謹案：《楚辭》，見《九章·涉江》，正作「渚」，《涉江》載在本書，同。《記纂淵海》卷十四引、本書陸士龍《答張士然》「通波激枉渚」注引並同。但據注引《楚辭》作「渚」，即可正之。此毛本獨因形近而譌。陳校當據《楚辭》、本書內證、尤本等正之。

豈伊川途念，宿心愧將別　　注：礼以養素為榮，而己以戀位為辱……《周禮》曰：兩山之間，必有川焉；大川之間，必有塗焉。

【陳校】

　　注「礼以」。「礼」，作「孔」。又「大川之間」。「間」，作「上」。

【集說】

余氏《音義》曰：「禮以養」。「禮」，何改「孔」字。

胡氏《考異》曰：注「大川之閒」。何校「閒」改「上」。陳同。各本皆誤。

【疏證】

奎本以下諸六臣合注本、尤本悉作「孔」、誤「間」。謹案：「孔」，孔子也。朱子《論語精義・先進》：「或問：孔子許子路升堂，其品第甚高，何以見？曰：觀其死猶不忘結纓，非其所養素定，何能爾耶？苟非其人，則遑遽急迫之際，方寸亂矣。」毛本作「礼」，乃形近而誤。陳、何校當從朱子、尤本等正，是也。「大川」云云，語見《周禮注疏・匠人為溝洫》，字正作「上」。此當陳、何校所據。此蓋涉注上文「兩山之間」而誤。

應詔讌曲水作詩一首　顏延年

題下注：《水經注》曰：武帝引流轉觴賦詩。

【陳校】

注「武帝引流」。「武」，當作「文」。

【集說】

胡氏《考異》曰：注「武帝引流」。何校「武」改「文」。陳同。各本皆誤。

梁氏《旁證》同胡氏《考異》。

姚氏《筆記》曰：「武」。何改「文」，云：「宋本亦作武帝。當檢《水經注》。」按：酈注《江水》，今本缺逸已多，此條已無可檢尋。

【疏證】

尤本、奎本以下諸六臣合注本悉同。謹案：毛本當誤從尤本等。周應合《景定建康志》卷十九《山川志・曲水》載：「《水經注》曰：『舊樂遊苑。宋元嘉十一年，以其地為曲水。武帝引流轉酌賦詩。』裴子野《宋略》曰：『文帝元嘉十一年三月，丙申禊飲於樂遊苑，且祖道江夏王義恭、衡陽王義季。有詔賦詩。』」《水經注》與《宋略》並載流酌賦詩，事在「元嘉十一年」，則

自當屬文帝，作「武帝」者，誤也。禊飲賦詩，循理當歸「文」而不歸「武」，此或陳、何校懷疑之由，複因尤本亦同，故又有「當檢《水經注》」之備記，足見前輩做學問之謹慎。

芳猷蘭秘　注：子書曰：祕者，謂蘭芳之幽密。

【陳校】

注「子書」。「子」，作「字」。又「秘者」。「秘」下，脫「密也蘭秘」四字。

【集說】

胡氏《考異》曰：注「《字書》曰祕者」。陳云：「『祕者』下，脫『密也蘭祕』四字。」今案：當在「祕」下「者」上，各本皆誤。

梁氏《旁證》曰：注「《字書》曰秘者」。「秘」下，當增「密也蘭秘」四字。

【疏證】

奎本以下諸六臣合注本、尤本作「字」、脫「密也蘭秘」四字。謹案：毛本脫四字，蓋誤從尤本等；「子」字，獨誤，陳校補之、正之，是也。前胡主張與陳校，本無不同。然《考異》迻錄陳校「祕者秘下」四字時，奪下「秘」字，故有「當在祕下者上」之辨，自矜獨得，究其實，則誤在前胡焉。「《字書》」，屢見善注援引，《隋書·經籍志一》載：「《古今字書》十卷、《字書》三卷、《字書》十卷」三種，未著撰者。善注所引或在其中。

昔在文昭，今惟武穆　注：言昔者在高祖之子為王，同於文王之昭；今帝之子為王，又同武王之穆。言其成也。《左氏傳》：富辰曰：畢原酆郇，文之昭也。杜預曰：皆文王子也。邘晉應韓，武之穆也。杜預曰：皆武王子也。《漢書》：韋玄成議曰：父為昭，子為穆，孫復為昭。昭穆，父子之迭號，千祀而一也。晉文王諱昭改為韶。

【陳校】

「昔在文昭」。「昭」，五臣作「韶」。據善注亦當作「韶」。又「言其成也。」「成」，當作「盛」。

【集說】

余氏《音義》曰：「昭」，五臣作「韶」。

胡氏《考異》曰：「昔在文昭。」陳云：「昭，五臣作韶，據善注亦當作韶。」今案：茶陵本云：五臣作「韶」，與尤所見皆非也。袁本作「韶」，不著校語，或所見善亦作「韶」，為不誤耳。又曰：注「言其成也」。何校「成」改「盛」。陳同。各本皆譌。

梁氏《旁證》曰：六臣本「昭」作「韶」。按注明云「改為韶」，則李亦作「韶」。又曰：注「言其成也」。何校「成」改「盛」。陳同。各本皆譌。

胡氏《箋證》曰：注「善曰：晉文王諱昭，改為韶。」五臣作「昭」。《旁證》云：「注明云改為韶，則善亦作韶。」紹煐按：佋，廟佋穆。父為佋，南面。子為穆，北面。從人召聲。據許則正字作「佋」，今通用「昭」。當時既避晉文諱，則何不改從「佋」，而必借同音之「韶」為「昭」？竊所未詳。

黃氏《平點》曰：「昔在文昭」句，據注末及別本「昭」改為「韶」。

【疏證】

尤本作「昭」。五臣正德本、陳本作「韶」，濟注同。奎本、明州本作「韶」。奎本無校語，然其濟注已誤作「昭」。明州本則校云：善本作「昭」。贛本、建本作「昭」，校云：五臣作「韶」。謹案：李善疊引《左傳》、《漢書》昭穆之制，皆作「昭」，然末「晉文王諱昭改為韶」一句，證所見必作「韶」焉。《藝文類聚》卷四十七載劉孝綽《司空安成康王碑銘》「昔在文韶」。亦作「韶」，可為善本作「韶」之佐證。五臣亦作「韶」，正德本等濟注可證。自明州本誤解善注，妄加校語，以下諸六臣合注本、尤、毛先後踵其譌耳。陳校是。《漢書・韋玄成傳》「父為昭，子為穆」師古注曰：「昭穆者，父子易其號序也……後以晉室諱昭，故學者改昭為韶。」善注實出顏注。又，奎本以下諸六臣合注本、尤本悉作「成」。《釋名・釋言語》：「成，盛也。」王先謙《疏證補》：「成、盛聲義互通，見於經典者甚多，故成訓為盛。」《易・繫辭上》：「成象之謂乾」釋文：「成象，蜀才作盛象。」是「成」與「盛」通，不必改也。此又見陳、何氏疏於文字學。胡、梁亦誤。後胡以為據《說文》「佋」為正字，「昭」則今通用字。復疑：諱「晉」字當改從「佋」，不必借同音之「韶」。今按：此後胡蓋不知「邵」、「佋」與「昭」，為古今字。吳大澂《古籀補》：「古昭字從卩，即今邵字，亦即佋字

容庚《金文編》：佋，與邵，為一字。」「佋（邵）」與「韶」二字，晉世並為「昭」之諱代字耳。《宋書‧州郡志二》：「江州建安郡：邵武子相，吳立曰昭武，晉武帝更名。」即是其證。後胡復何疑焉。朱氏《說文通訓定聲》謂：「佋，晉避司馬昭諱，別作此字。後人妄增入《說文》。」其說亦非，蓋許書既並收佋（入人部）、昭（入日部），且二字明為古今字，即不得云「別制」、言「後人妄增」矣。因後胡之「未詳」，附論於此。

於赫王宰　注：《毛詩》曰：於穆湯孫。《韓詩外傳》：……吾成王叔父曰。

【陳校】

　　注「於穆湯孫。」「穆」，作「赫」。又「叔父曰」。「曰」，作「也」。

【集說】

　　余氏《音義》曰：「父曰」。六臣「曰」作「也」。

【疏證】

　　奎本以下諸六臣合注本、尤本悉作「赫」、「也」。謹案：《毛詩》，見《商頌‧那》，字正作「赫」。《外傳》，見卷三，作：「成王封伯禽於魯。周公誡之曰：『往矣。子無以魯國驕士，吾文王之子、武王之弟、成王之叔父也。』」正作「也」字，本書魏武帝《短歌行》「周公吐哺」注引同。二字，毛本獨傳寫而譌，陳校當從《毛詩》、《外傳》、本書內證、尤本等正之。

有晬睿蕃　注：謂諸王者蕃也。《孟子》曰……。二蕃，謂江夏、衡陽二王也。

【陳校】

　　注「謂諸王者」。「者」，當作「睿」。

【集說】

　　胡氏《考異》曰：注「謂諸王者蕃也。」何校「者」改「睿」。陳同。各本皆譌。

　　梁氏《旁證》同胡氏《考異》。

　　許氏《筆記》曰：注「謂諸王者蕃也」六字，五臣妄加。削。李注先引《孟子》釋「晬」字，次云「二蕃，謂江夏、衡陽二王也」，本自明晰，乃改

「二」為「睿」，失之甚矣。嘉德案：玩注「二蕃，謂江夏、衡陽二王也」，則正文自作「二蕃」，今本作「睿蕃」者，誤也。又注「謂諸王者蕃也」六字，文義絕不可通，不特「五臣妄加」，亦疑舛誤。何氏改「者」為「睿」，亦與「二蕃」注不合。

【疏證】

　　奎本以下諸六臣合注本、尤本悉同。謹案：二許依注正注，兼改正文，其說是。陳、何校依正文改注，反似是而非。胡、梁並誤從。毛本當誤從尤本等。此亦前胡因仍陳校譌誤例。

朏魄雙交　注：凡朏魄之交，皆在月三日之夕。今月未夕，故以前之文，唯止有二，故曰雙也。

【陳校】

　　注「故以前之文。」「文」，當作「交」。

【集說】

　　胡氏《考異》曰：注「故以前之文。」何校「文」改「交」。陳同。各本皆譌。

　　梁氏《旁證》同胡氏《考異》。

【疏證】

　　奎本以下諸六臣合注本、尤本悉誤。謹案：此「文」、「交」形近而誤。毛本當誤從尤本等，陳、何蓋依正文並注上下文意校正。

每唯洛宴　注：東陽無疑《齊諧記》：束皙對武帝曰。

【陳校】

　　注「東陽無疑《齊諧記》」。按：宋散騎常侍東陽無疑撰《齊諧記》七卷，見《隋書‧經籍志》。

【集說】

　　梁氏《旁證》曰：林氏寶《元和姓纂》云：「宋員外郎東陽元疑撰《齊諧》十卷。」以此注證之，「元」當是「无」字之誤。「无」，即「無」字。

【疏證】

　　奎本以下諸六臣合注本、尤本悉同。謹案：此陳考注文「東陽無疑」其

人，朱氏《集釋》亦有考證，可參。

滯瑕難拂　注：毛萇《詩傳》曰：拂，去也。拂，亦作弗，古字通。

【陳校】

　　注引毛《傳》「拂」字，當作「弗」。此《生民》首章《傳》也。「亦作弗」者，言顏詩亦有別本作「弗」耳。又，「拂」，與「禰祓」之「祓」，音、義並同，古多通用。詳見《廣絕交論》注。此「拂」字當從「祓」義，尤與曲水禊飲關合也。

【集說】

　　胡氏《考異》曰：注「拂，去也。」陳云：「此拂字當作弗，引毛《生民》首章傳也，下句『拂亦作弗』者，言顏詩亦有別本作弗耳。」案：所校是也，各本皆譌。

　　梁氏《旁證》曰：「拂」當作「弗」。此《生民》首章文。下云「拂，亦作弗」者，言顏詩亦有別本作弗耳。

　　薛氏《疏證》曰：案：所引毛《傳》，乃《大雅·生民》「以弗無子」《傳》也。今本毛《傳》「拂」作「弗」，云：「去也。」釋文：「音拂。」又下「茀厥豐草」釋文：「茀，音拂。《韓詩》作拂。拂，弗也。」則「拂」與「弗」通。《周易》：「顛頤拂經」釋文：「子夏《傳》作弗，尤其明證，蓋「拂」字本「弗」聲也。《笙賦》「中佛鬱以佛憒」注「《埤蒼》曰：『佛鬱，不安貌。』」成公子安《嘯賦》「佛鬱衝流」，《群經音義》引《字林》「佛鬱，心不安意。」由偏旁例推，亦通用之證。

【疏證】

　　奎本以下諸六臣合注本、尤本悉同。謹案：今本毛《傳》「拂」作「弗」，云：「去也。」善注「拂，亦作弗。」乃針對正文而言，故陳校謂「亦作弗者，言顏詩別本。」其說誠是。毛本當誤從尤本等，陳校據今本毛《傳》正之。陳校云：「拂字當從祓義。」其說亦是。《廣雅·釋詁》：「祓，除也。」《國語·周語上》：「先王知大事之必以眾濟也，故祓除其心，以和惠民」韋注：「祓，猶拂也。」是「祓」與「拂」，古通用之證。

皇太子釋奠會作詩一首　顏延年

達義茲昏　注：《桓子新論》曰：此所以滋昏也。

【陳校】

　　『達義茲昏』。據注，「茲」，當作「滋」。

【集說】

　　葉刻：何校「茲，疑作滋。傳寫誤也。」

　　孫氏《考異》同葉刻。

　　胡氏《考異》曰：何校云：「據注，茲當作滋。」陳同。案：所校是也。善作「滋」，故引《新論》注「滋昏」；五臣作「茲」，故濟注云「亦猶是焉。」各本所見，皆以五臣亂善。而袁、茶陵本不著校語。古「茲」字，雖與「滋」同義，然非此之用。

　　梁氏《旁證》曰：何曰：「據注，茲當作滋。」陳同。是也。

　　姚氏《筆記》曰：何云：「疑滋」。

　　徐氏《糾何》曰：何曰云云。案：《說文》：「茲，草木多益也。」茲有「滋益」之義，不必加水。

　　胡氏《箋證》曰：《旁證》曰云云。紹煐按：何、陳特據注引《桓子新論》有「滋昏」字，故云然。殊不知善明云「通達之義於此彌昏也。」「於此」，正釋「茲」字，《爾雅》「茲，此也」。又按：上方說「稟道毓德，講藝立言」，此處不容忽插入「大義漸乖」等語。以文勢求之，疑是用倒裝句法，言爽曙因而浚明，茲昏亦隨達義，所謂「習昧得耀乎光明」，與上下語意俱協。善解未合。

【疏證】

　　奎本、明州本、尤本、建本正文「茲」、善注「滋」。贛本正文、注同作「茲」。五臣正德本及陳本作「茲」。謹案；五臣作「茲」，濟注「亦猶是焉」，可證。「是」即釋「茲」。善本作「滋」，注引《新論》可明。故正文當作「滋」，作「茲」者，以五臣亂善耳，陳、何校是也。

繼天接聖　注：《漢書》曰：苞犧，繼天而王。

【陳校】

　　注「苞犧」。「苞」，作「庖」。

【疏證】

奎本以下諸六臣合注本、尤本悉作「庖」。謹案：庖羲（犧），即伏羲、服羲。《漢書》，見《律曆志下》，作「炮」，注：「師古曰：炮與庖同。」是又可作「炮羲」矣。檢宋・羅泌《路史・禪通紀》「龜龍効圖書畀」注：「及苞羲發于榮河，而典籍圖畫萌矣。」明・胡應麟《少室山房集・始入州謁宣尼廟二首》「苞羲農前業擅堯舜」。並見用「苞羲」字，故頗疑：此毛本當從別本，蓋古無輕唇音，故「庖」又同「苞」爾。此毛本好用古字之累，陳校當從尤本等改，而亦無須改耳。

懷仁憬集 注：《毛詩》曰：憬遠淮夷。毛萇曰：憬，遠行貌。

【陳校】

注「憬遠淮夷。」「遠」，作「彼」。

【疏證】

奎本、建本作「被」。明州本、贛本、尤本作「彼」。謹案：《毛詩》，見《魯頌・泮水》篇，正作「彼」字。《太平御覽》卷八百九引、《玉海》卷一百五十四引、本書王元長《三月三日曲水詩序》「荒憬清夷」注引亦作「憬彼」。沈休文《齊故安陸昭王碑文》「彊民獷俗」注引《韓詩》作「獷彼淮夷」，並作「彼」字。「被」與「彼」通。參上《關中詩》：「命被上谷」條。獨毛本涉下毛《傳》「遠」字而誤，陳校當據《毛詩》、本書內證、尤本等正之。

蹋屬獻器 注：《史記》曰：虞卿蹋蹻檐簦器謂樂也。

【陳校】

注「檐簦」。「檐」，作「擔」。

【集說】

顧按：「檐」，即「擔」字也。詳《群經音辨》。依《說文》，正字作「儋」。

【疏證】

明州本、尤本、建本同。奎本、贛本作「擔」。謹案：《集韻・闞韻》：「擔，負也。或從木。」「擔」為「檐」之俗寫耳。參下《奏彈曹景宗》「負檐裁弛」條。《說文・人部》：「儋，何也。」段注：「儋，俗作擔。」《說文通訓定聲》

曰：「儋，字亦作擔。」《淮南子·氾論》：「肩荷負儋之勤也。」毛本當從尤本等，陳校大可不必改正從俗耳。

澡身玄淵　注：王逸妍蚩曰。

【陳校】

注「王逸妍蚩」。「妍」下，脫「敖」字。

【集說】

胡氏《考異》曰：注「王逸《妍敖蚩》曰」。袁本、茶陵本無「敖」字。案：無者是也。後《五君詠》注所引亦無「敖」字，可證。

梁氏《旁證》曰：胡公《考異》曰：「尤本妍下有敖字，非也。後《五君詠》注所引亦無敖字，可證。」

姚氏《筆記》曰：「妍」下，何增「傲」字。

許氏《筆記》曰：何曰云云。嘉德案：胡曰：「茶、袁本無傲字，後《五君詠》引亦無傲字。」

【疏證】

尤本「妍」下，有「敖」字。奎本以下諸六臣合注本悉無。謹案：《五君詠》見《向常侍》篇「探道好淵玄」下注。本書毛本及奎本以下諸六臣合注本、尤本引並無「敖」字，故當依前胡《考異》說為是。毛本不脫，陳、何乃依尤本增，非。

丞疑奉帙　注：《禮記》曰：虞夏商周師保，有疑丞。

【陳校】

注「師保」上，脫「有」字。

【集說】

胡氏《考異》曰：注「虞夏商」。袁本、茶陵本「商」下有「周」字。是也。

【疏證】

奎本、尤本有「有」字、脫「周」字。明州本、贛本、建本並有「有」字、「周」字。謹案：《禮記》，見《文王世子》篇，有「有」字、「周」字。毛本改尤本之「周」為「有」字，仍非。陳校乃據注下文、《禮記》、建本等補正。前胡校亦是，然迻錄《舉正》不當遺漏陳校。

堂設象筵　注：劉楨《瓜賦》曰：更補象牙之席。

【陳校】

注「更補」。「補」，作「鋪」。

【集說】

余氏《音義》曰：「更補」。「補」，何改「鋪」字。

【疏證】

奎本以下諸六臣合注本、尤本悉作「鋪」字。謹案：《初學記》卷十「玳瑁筵」注引劉賦作「布」，孫氏《職官分紀・總僚佐》「玳瑁筵」注引同，可為「鋪」字佐證。《廣韻・模韻》：「鋪，設也，陳也」，但觀正文作「設」，亦可見「補」字之非。陳、何蓋從尤本等正之。

野馗風馳　注：《四子講德倫》曰：風馳雨集。

【陳校】

注「講德倫」。「倫」，作「論」。

【疏證】

奎本以下諸六臣合注本、尤本悉作「論」。謹案：《四子講德論》載在本書，並屢見善注援引，即如本卷《責躬詩》「威靈改加」注引此文，並作「論」不誤，毛本獨音近及涉下正文「倫周伍漢」致譌。陳校當從本書內證、尤本等正之。

物性其情　注：王弼曰：不性其情，何能久行其正？

【陳校】

注「王弼」。「弓酉」，作「弼」。

【疏證】

奎本以下諸六臣合注本、尤本悉作「弼」。謹案：語見《周易注疏・上經》「利貞者性情也」王弼注。「弼」，蓋「弼」之俗譌字。《說文・弼》：「輔也，重也。從弜、丙聲」。又，「弜，弼或如此。」然則，弜，為「弼」之或體。毛本獨用或體，非是譌字，陳校不必依《周易》、尤本等改焉。

侍宴樂遊苑送張徐州應詔詩一首 丘希範

題：張徐州　注：劉璠《梁典》曰：張謖，字公喬。齊明帝時，為北徐州刺史。謖，霜六切。

【陳校】

李注引《梁典》以為「張謖」，史作「張稷」，在齊為北徐州刺史。而希範在梁，始為中書侍郎。則呂向以為武帝弟，當有所據也。梁氏《旁證》

【集說】

余氏《音義》曰：（題「張徐州」）何校曰：「按詩有『匪親孰為寄』之語。五臣無『張』字，是。」何又曰：「此徐州乃魯國薛縣，與南、北兩徐州無涉。」

孫氏《考異》曰：何云：「五臣本題無『張』字。呂向注：『希範時為中郎，武帝弟宏為徐州刺史，應詔送王。』按詩有『匪親孰為寄』之語。五臣本是也。」

梁氏《旁證》曰：按向注「希範時為中郎。武帝弟宏為徐州刺史，應詔送王」、銑注「言非親王誰者可寄。」據此，知題中無「張」字為是。陳曰云云。何曰：「此徐字與邾同，乃魯國薛縣，與南、北徐州無涉。」《旁證》本繫下「匪親孰為寄」二句下。今據內涵移此。

姚氏《筆記》曰：「實惟北門重」注，引《史記》「黔夫守徐州，燕人祭北門。謂齊之北門。」見下條何云「此徐州字從人，與邾同，乃魯國薛縣，與南、北兩徐州無與。若引此，則趙人祭西門，更如何牽涉耶？」余按《說文》「邾，邾下邑地。魯東有邾城」，但此地不得云「齊之北門」，於燕遠不相接。

朱氏《集釋》曰：題下注引劉璠「《梁典》曰」云云。案：何氏焯云：「此徐字從人作㐌。與邾同，乃魯國薛縣，與南、北二徐州無涉。考《說文》：『邾，邾下邑地。魯東有邾城。讀若塗。』」余謂：《說文》有「邾」，無「㐌」。《玉篇》、《集韻》並有「㐌，與徐同。」《集韻》又云：「徐州，地名。在齊通作舒。」㐌、徐形近，㐌、舒音同也。然則，邾或作「㐌」，或作「徐」，皆從「余」聲，特偏旁異耳。古徐州本為彭城，自劉宋以京口為南徐州，而彭城遂有北徐州之稱。此亦屬彭城郡而非即彭城，故何氏云然。然邾、徐本別，後人混之，遂與徐州為一。漢以後仍祇稱『薛縣』，不為『徐州』，且彼時已入北魏，當非齊境所屬。後又有范彥龍《贈張徐州稷》詩，「稷」，蓋「謖」之形似而誤也。詩末云「寄書雲間雁，為我西北飛」李注：「西北謂徐州也，在揚州

之西北。《輿地志》曰：『宋以鍾離置徐州，齊以荊州為北徐州也。』」據《方輿紀要》，今之鳳陽府，春秋時為鍾離子國……劉宋明帝時，僑置徐州於此……蕭齊為北徐州。然則，張謖之為北徐州刺史，正鍾離地，不得如何氏所云矣。惟彼注「荊州」二字誤衍，胡氏《考異》已及之。

許氏《筆記》曰：（題）「張徐州」。五臣本無「張」字。呂向注云：「武帝弟宏為徐州刺史應詔送王」。何曰：「按詩有匪親孰為寄之語。五臣本為是。」案：希範有《贈張徐州稷詩》。《孟子》：「王無親臣矣。」指王親信之臣，非謂同族。陸機《漢高祖功臣頌》「是謂宗臣」，豈以蕭何為高祖同宗乎？何氏以「匪親」句，遂輕信庸妄之五臣，吾不敢從。

黃氏《平點》曰：五臣無「張」字，以「匪親孰為寄」句觀之，是也。然善有「張」字，未可輒改。

【疏證】

尤本同。五臣正德本、陳本無「張」字，日古鈔卷十殘卷本同。奎本、明州本有「張」字。無校語。贛本、建本、九條本有「張」字，校云：五臣無「張」字，餘同奎本。然則，自奎本題已從監本加「張」字。謹案：善本有「張」字，善注引《梁典》甚明。何氏說地理非，朱言北徐州在齊為鍾離地，駁何甚審。何氏復因詩有「匪親孰為寄」之語，乃從五臣向說，以為丘送武帝弟刺徐州，許氏則以為詩「匪親孰為寄」句，蓋「指王親信之臣，非謂同族」，駁之亦力。陳校亦從五臣說，其失同乃師。黃氏謂「善有張字，未可輒改」，持論審慎。參拙著《何校集證》。胡氏《考異》於本詩僅考「注杏」一條，極罕見。本條惟見梁氏《旁證》迻錄，未見周鈔。

寔惟北門重，匪親孰為寄 注：《史記》：齊威王曰：吾使有黔夫者，使守徐州。

【陳校】

注「吾使有黔夫」。「使」，作「吏」。

【集說】

余氏《音義》曰：「吳使」。「使」，何改「吏」字。

【疏證】

奎本以下諸六臣合注本、尤本悉作「吏」。謹案：語見《史記·田敬仲完

世家》，字正作「吏」。然，古文字使、吏、史、事，本為一字。《說文·人部》：「使，伶也。从人吏聲。」「使」，從「吏」得聲，字得可通。故此亦毛本癖用古文字，非譌字。陳、何校不必依《史記》、尤本等改焉。

應詔樂遊苑餞呂僧珍詩一首　　沈休文

待此未抽簪　　注：種會《遺榮賦》曰。

【陳校】

　　注「種會」。「種」，作「鍾」。

【疏證】

　　奎本、明州本、尤本、建本作「鍾」。贛本作「鐘」。謹案：本書張景陽《詠史詩》「遺榮忽如無」注及「抽簪解朝衣」注、張茂先《答何邵》「散髮重陰下」注、謝靈運《初去郡》注引並作「鍾」。「種」，有用同「鍾」者，如「鍾情」有作「種情」者，此或毛本所從。《萬姓統譜·冬韻》：「鐘，見《姓苑》，與鍾同。」然則，贛本作「鐘」，亦有出。陳校不必改焉。

送應氏詩二首　　曹子建

宮室盡燒焚　　注：《獻帝紀》曰：車駕至洛陽，官室盡燒。

【陳校】

　　注「官室」。「官」，作「宮」。

【疏證】

　　奎本以下諸六臣合注本、尤本悉作「宮」。謹案：《後漢書·獻帝紀》作「宮室燒盡」。但據正文亦可正之。毛本獨因形近致誤，陳校當據《後漢書》、尤本等正之。

荊棘上參天　　注：《孟子》曰：太山之高，參天入雲。

【陳校】

　　注「《孟子》曰」。「曰」上，疑有脫字。

【集說】

顧按：《別賦》注同，又見《登臨海嶠詩》注。

許氏《筆記》曰：注「孟子曰」。案：謝靈運《登臨海嶠詩》注中作「孟子注」。

【疏證】

奎本、明州本、尤本、建本同。贛本獨有「注」字。謹案：贛本「注」字蓋臆加。「太山」八字，首見《論衡・說日篇》引，冠以「儒者曰」。至李善注始歸孟子。王應麟《漢藝文志考證・孟子十一篇》引趙岐《題辭》曰：「著書七篇，又有外書四篇：《性善》、《辯文》、《說孝經》、《為正》。其文不能弘深，不與內篇相似。」（不錄趙「非《孟子》本真，後世依倣而託之者也」之語）而考云「《志》云十一篇，並《外書》也。《外書》今不傳。」將李善注此八字，歸之《外書》。朱彝尊《經義考》卷二百六十二《逸經下》，則歸之「（孟子）遺句」。然清・程大中《四書逸箋・孟子下》按云：「他如《文選注》：『泰山之高，參天入雲。』《廣韻》注：『六十四黍為一圭，十圭為一合。』《顏氏家訓》：『圖影失形』之類，語皆直淺，不似《內篇》……檃不敢攔入。」可見陳校之疑，其道不孤，益見其謹慎。顧氏言及江文通《別賦》，見「雁山參雲」句、謝靈運《登臨海嶠——》，見「高高入雲霓」句，注咸同毛本。

側足無行徑　注：《東觀漢記》：馬援曰：隗囂側足無新立。

【陳校】

注「側足無新立。」「新」，作「所」。

【集說】

余氏《音義》曰：「新」，何改「所」。

【疏證】

奎本以下諸六臣合注本、尤本悉作「所」。謹案：《海錄碎事》卷八上引作「所」。事見《東觀漢記・馬援傳》，今本作：「援因說囂側足而立，將士土崩之勢。」毛本此「所」、「新」形近而譌。陳、何校蓋從尤本等正之。

親昵並集送　注：《爾雅》曰：昵，送也。

【陳校】

　　注「送也」。「送」，作「近」。

【集說】

　　余氏《音義》曰：「送也」。「送」，何改「近」。

【疏證】

　　奎本以下諸六臣合注本、尤本悉作「近」。謹案：《爾雅》，見《釋詁》，正作「近」字。本書陸士衡《歎逝賦》「昵交密友」注、盧子諒《贈劉琨》「款眷逾昵」注、顏延年《和謝監靈運》「親仁敷情昵」注、謝惠連《七月七日夜詠牛女》「遐川阻昵愛」注引並作「近」。惟謝惠連《雪賦》「願低帷以昵枕」注亦作「昵，近也」，而脫「《爾雅》曰」主名。毛本因形近及涉正文而譌，陳蓋依本書內證、尤本等正之。

征西官屬送於陟陽候作詩一首　　孫子荊

憂喜相紛擾　注：《神女賦》曰：紛紛擾擾，未知何異。

【陳校】

　　注「未知何異」。「異」，作「意」。

【疏證】

　　奎本以下諸六臣合注本、尤本悉作「意」。謹案：《神女賦》載在本書作「意」。毛本獨因音近而譌，陳校當據本書內證、尤本等正之。

金谷集作詩一首　　潘安仁

王生和鼎實，石子鎮海沂　注：石崇《金谷詩序》曰：余以元康六年，從太僕卿出為使持節監青、徐請軍事。……應劭《漢書儀》曰：太尉、司空、司徒長史，號為毗佐三台，助鼎和味。

【陳校】

　　注「請軍事」。「請」，作「諸」。又「漢書儀」。「書」，作「官」。

【集說】

余氏《音義》曰：「請軍」。「請」，何改「諸」。

【疏證】

奎本以下諸六臣合注本、尤本悉作「諸」。九條本有注，亦作「諸」，日古鈔卷十殘卷本無此注。謹案：明・楊慎《丹鉛餘錄》卷一：「《金谷序》今不傳，……余舊得宋人石刻一本。今錄于此。其辭曰：『余以元康六年，從太僕卿出為使持節監青、徐諸軍事、征虜將軍』云云。足證陳、何校不誤。關於「《漢書儀》」。奎本以下諸六臣合注本、尤本悉作「官」。《隋書・經籍志二》載：「《漢官儀》十卷。應劭撰。」應書，善注屢引，多達二十餘處，除沈休文《齊故安陸昭王碑文》「劍璽增華」注亦誤「書」外，其餘，大抵作「官」，即如同卷《皇太子宴玄圃宣猷堂有令賦詩》「天姿玉裕」注引亦作「官」。《北堂書鈔》卷六十八「毗佐三台，助鼎和味」注引、《太平御覽》卷二百九「太尉長史」引、《海錄碎事》卷十一上「助鼎和味」引、《職官分紀》「總三師三公宰相官屬」引並作「官」。毛本獨因傳寫而譌，陳校當從《隋書》、本書內證、尤本等正之。

又注：蔡邕《陳琳碑》曰：遠鎮南裔。

【陳校】

注「《陳琳碑》」。「琳」，當作「球」。

【集說】

余氏《音義》曰：「陳琳」。「琳」，何改「球」。

胡氏《考異》曰：注「蔡邕《陳琳碑》曰」。何校「琳」改「球」。陳同。各本皆譌。

梁氏《旁證》同胡氏《考異》。

【疏證】

奎本以下諸六臣合注本、尤本悉同。謹案：宋・婁機《漢隸字源・攷碑》「太尉陳球碑」云：「光和二年立。在淮陽軍。《水經》云：『下邳陳球墓前有三碑，弟子管寧、華歆等造。』」《通志》卷七十三《金石略》一：「太尉陳球碑」，注：「蔡邕文並書。光和元年，徐州。」本書陸士衡《贈顧交阯公真》「改

授撫南裔」注引蔡碑亦作「球」。毛本當誤從尤本等，陳、何當據本書內證、尤本等正之。

前庭樹沙棠　注：《上林賦》曰：沙棠櫟儲。

【陳校】

　　注「櫟儲」。「儲」，作「櫧」。

【集說】

　　胡氏《考異》曰：注「沙棠櫟儲。」袁本「儲」作「櫧」。是也，茶陵本亦誤「儲」。

　　梁氏《旁證》曰：六臣本「儲」作「櫧」。是也，各本皆誤。

【疏證】

　　奎本作「櫧」。明州本、贛本、尤本、建本誤「儲」。謹案：本書《上林賦》作「櫧」，注同。此明州本首誤，諸本襲之。毛本當誤從尤本等。陳校當從袁本、本書內證等正之。六臣袁本每勝出茶陵本。茶陵本與袁本明明不同，一非一是，《旁證》概以誤論，豈非以偏概全必然之失哉？

投分寄石友　注：阮瑀《為魏武與劉備書》曰：投分記意……《史記》：蘇素謂齊王曰：此棄仇讎而得石交者也。

【陳校】

　　注「投分記意」。「記」，作「託」。又「蘇素」。「素」作「秦」。

【疏證】

　　奎本以下諸六臣合注本誤「記」、作「秦」。尤本作「託」、「秦」。謹案：「記」字，毛本當誤從建本等，陳校當從尤本正之。檢清·王琦《李太白集注》卷十《秋日鍊藥院鑷白髮贈元六兄林宗》詩「投分三十載」注引善注作「寄」，亦得。「素」字，毛本獨因形近而譌，陳校當從《史記》、尤本等正之。胡氏《箋證》曰：注「善曰：《史記》：『蘇秦謂齊王曰：此棄仇讎而得石交者也。』」按：石友，當指石崇言，注引《史記》，無涉。」後胡校，更得其實。

王撫軍庾西陽集別時為豫章太守庾被徵還東一首

謝宣遠

舉觴矜飲餞 注：《毛詩》曰：出宿于濟。

【陳校】

注「出宿于濟」。「濟」，作「泲」。

【疏證】

明州本、贛本、尤本、建本同。奎本作「泲」。謹案：語見《毛詩注疏‧邶風‧泉水》，字正作「泲」，本書顏延年《應詔讌曲水作詩》「事兼出泲」注、陸士衡《挽歌詩（卜擇）》「出宿歸無期」注引並同。然謝靈運《初發石首城》「出宿薄京畿」注引《毛詩》，作「濟」，《初學記》卷十八「宿濟」注，《白孔六帖》卷三十四「餞送」引同，《古列女傳‧魯之母師》、《太平寰宇記‧趙州》引《詩》，亦同。然則，李善所見《毛詩》容有二本。尤本蓋從明、贛二本。毛本則從尤本等耳。陳校當從《毛詩》、本書內證等，然亦不必改毛本焉。本條亦前胡《考異》漏錄、漏校例，又可證尤氏未見奎本。

發棹西江隩 注：《爾雅》曰：隩，隈也。郭璞曰：今江東人呼浦為隈。

【陳校】

注「[曰]隩」、「[為]隈」二字，並當作「隩」。

【集說】

余氏《音義》曰：「曰隩」、「為隈」。「隩」、「隈」，何並改「隩」。

【疏證】

奎本以下諸六臣合注本、尤本並作「隩」。謹案：《爾雅》，見《釋地》，正作「隩，隈」。郭注：「今江東呼為浦隩。」本書郭景純《江賦》「蔭潭隩」注引作：《爾雅》曰：『隩，隈也。』郭璞曰：『今江東呼為浦。』隩，于到切」，謝靈運《從斤竹澗越嶺溪行》「逶迤傍隈隩」注引同。比勘今本《爾雅》郭注，雖「浦為」倒文，下並脫「隩」，然至少亦可證陳校之是。此毛本獨譌，陳校當據《爾雅》、本書內證、尤本等正之。又，周鈔《舉正》原作：「注：隩、隈二字並當作隩。」今依余氏《音義》斠證，分別補「曰」、「為」二字。若不補或不備引相關郭注，極易誤為即注「《爾雅》曰：隩，隈也」之「隩隈」，不知

陳氏實言《爾雅》之「嶮」、郭注之「隈」爾。

逝川豈復往　注：但逝川之流，豈有往復之義？

【陳校】

「逝川豈復往。」「復往」二字，當乙。

【疏證】

諸《文選》本悉作「往復」。謹案：五臣作「往復」，翰注可證。本書謝瞻《王撫軍庾西陽集別詩》「發棹西江隩，逝川豈復往」注云：「逝川之流，豈有往復之義？」正作「往復」。足見本條善注不誤。清·毛奇齡《古今通韻》卷十一亦云：「謝瞻《王撫軍庾西陽集別詩》有『發棹西江隩』，與『逝川豈復往』押，似四聲之叶。後考『復往』字，是時本刻誤者。原本是『往復』，非『復往』也。註亦云：『逝川之流，豈有往復之義？』可見。」然則，毛本偶倒，陳校當據本書內證、善注、翰注、尤本等乙正之。毛本或即毛奇齡所謂「時本」歟？

鄰里相送方山詩一首　謝靈運

解纜及流潮　注：《吳志》曰：更時解纜。

【陳校】

注「更時解纜。」「時解」，作「增舸」。

【集說】

許氏《筆記》曰：注「《吳志》曰：更時解纜。」案：《吳志》曰：「更增舸纜」。

【疏證】

奎本以下諸六臣合注本、尤本並作「增舸」。謹案：《吳志》見《甘寧傳》，字正作「增舸」，《太平御覽》卷七百七十引、本書謝靈運《登臨海嶠初發疆中作與從弟惠連——》「繫纜臨江樓」注引《吳志》並同。毛本獨傳寫而譌，陳校當據《吳志》、尤本等正之。許說亦是。

新亭渚別范零陵詩一首　謝玄暉

題下注：《十洲記》曰：丹陽郡新亭，在中思里。吳舊亭也。

【陳校】

注「《十洲記》」。按：東方朔《十洲記》，皆記仙山異境，非其他地志之比，安得載丹陽古跡？況觀「新亭，吳舊亭」語，乃三國以後人所記。書名之誤，更易辨也。又「中思里」，「思」，作「興」。

【集說】

余氏《音義》曰：「思里」。「思」，何改「興」。

顧按：此當闞駰《十三州記》也。

胡氏《考異》曰：注「《十洲記》曰」。陳曰：「東方朔《十洲記》……更易辨也。」今案：其說是也。「洲」，當作「州」。善屢引之，必當日別有其書。不知者改之耳。各本皆誤。

梁氏《旁證》曰：陳曰「東方朔《十洲記》……更易辨也。」胡公《考異》曰：「洲，當作州」云云。

徐氏《規李》曰：案：桐廬，非屬甘州，當是闞駰《十三州記》。

許氏《筆記》曰：《十洲記》，何云：「書名或有誤，或是《丹陽記》。」案：或是闞駰《十三州記》。《七里瀨》：「《甘州記》曰：桐廬縣」云云、《新安江水至清》：「《十洲記》曰：桐廬縣」云云、王《曲水序》：「《十洲記》曰芳林園」云云、《王文憲集序》：「《十洲記》曰崇禮門」云云，皆當是「《十三州記》」。嘉德案：陳云：「東方朔《十洲記》……更易辨也。」

【疏證】

日古鈔卷十殘卷本、九條本（眉注）、奎本以下諸六臣合注本、尤本悉作「《十洲記》」。贛本、建本作「思」。奎本、明州本、尤本作「興」。謹案：「《十洲記》」，「洲」當「州」之譌。下王元長《三月三日曲水詩序》「芳林園者」條，《集注》本亦作「州」，足為佐證。顧初云「當闞駰《十三州記》」，至撰《考異》改稱「別有其書」，可見其遞變之跡。徐、二許云作「《十三州記》」，並無確證。何「《丹陽記》」一說，或據《太平御覽》卷一百九十四：「《丹陽記》曰：『京師三（京）[亭]：新亭，吳舊亭也。故基淪廢，[隆安中]，丹陽尹司馬恢移創今地。謝石創征虜亭，三吳搢紳創治亭，並太元中。』」《玉海・晉

新亭》云:「《丹陽記》:『新亭,吳舊亭也。隆安中,丹陽尹司馬恢移創今地。宋孝武即位于新亭。元嘉末四月壬申,改為中興亭。』」並可證「思」係「興」之誤。毛本作「思」,當誤從建本等,尤本作「興」,蓋從明州本。陳、何校當據尤本等正之。

謝玄暉　注:蕭子顯《齊書》曰:謝朓,字玄暉……江祏等謀立始安王遙光,朓不肯。祏白遙光,遙光收朓,下獄死。

【陳校】

注「眺」,並當作「朓」。又「江祜」。「祜」,作「祏」。

【集說】

余氏《音義》曰:「謝朓」。「朓」,何改「眺」。

胡氏《考異》曰:注「謝朓」。何校「朓」改「眺」。陳云:「注眺,並當作朓。」各本皆譌。以下放此,不悉出。

梁氏《旁證》曰:注「江祜等謀立」。又「祜白遙光。」《南齊書》「祜」,皆作「祏」。

【疏證】

奎本、明州本作「朓」、誤「祜」。尤本、建本誤「眺」、作「祜」。贛本作「朓」、「祏」。謹案:贛本最是。「祜」、「祐」皆與「祏」形近,江祏弟名祀,則可證作「祜」、「祐」者,並非。作「眺」,毛本當誤從尤、建二本;本書王元長《永明十一年策秀才文(又問昔者)》「故能出人於阽危之域」注、桓元子《薦譙元彥表》「鯨鯢既懸」注、謝玄暉《拜中軍記室辭隋王牋》作者下注並誤「眺」。作「祜」,或誤從六家本。陳當據《南齊書》本傳、贛本等正。參下謝玄暉《拜中軍記室辭隋王牋》「謝玄暉」條。

廣平聽方籍　注:王隱《晉書》曰:郭裒,字林叔。

【陳校】

注「郭裒」。「郭」,當作「鄭」。

【集說】

余氏《音義》曰:「郭裒」。「郭」,何改「鄭」。

梁氏《旁證》曰:李注引王隱《晉書》以為「鄭裒」,當得其審。

姚氏《筆記》曰:「郭袤」,校改「鄭」。

【疏證】

　　贛本、建本誤同。奎本、明州本、尤本作「鄭」。謹案:袤,見《晉書》、《通志・鄭袤傳》,並作:「鄭袤,字林叔,滎陽開封人也」,《太平御覽》卷四百四十三同。「郭」、「鄭」形近而譌爾。尤本蓋從明州本。毛本當誤從建本等,陳、何校蓋據《晉書・鄭袤傳》及尤本等正之。

又注:垂稱於平陽魏郡,蒙惠化。

【陳校】

　　注「平陽」二字,當乙。又「魏郡」下,脫「百姓」二字。

【集說】

　　余氏《音義》曰:「魏郡」。六臣下有「百姓」二字。

　　胡氏《考異》曰:注「垂稱於平陽魏郡,蒙惠化。」何校「平陽」改「陽平」、「蒙」上添「百姓」二字。陳同。各本皆誤。

　　梁氏《旁證》曰:何校「平陽」改「陽平」,陳同。六臣本「蒙」上有「百姓」二字,皆是也。各本並誤。

　　姚氏《筆記》曰:「平陽」校改「陽平」。「蒙惠化」上,增「百姓」二字。

【疏證】

　　奎本、明州本、尤本悉同。贛本、建本「平陽」仍倒、然有「百姓」二字。謹案:語見《晉書・鄭袤傳》作:「宣帝謂袤曰:賢叔大匠,垂稱於陽平、魏郡,百姓蒙惠化。」《通志・鄭袤傳》同。然《太平御覽》卷二百六十一引「王隱《晉書》」於「魏郡」下,作「並蒙」二字,此方得善本之真。毛本當誤從尤本等,陳、何校依今本《晉書》尚欠一間。此可見類書於考證文獻有不可或缺之功,亦見陳、何校《選》,於此百密難免一疏。

茂陵將見求　注:言……己當居茂陵之下,將欲彼而見求。

【陳校】

　　注「將欲」。「欲」,作「於」。

【集說】

姚氏《筆記》曰：注「將欲彼而〔見求〕」，「欲」，校改「於」。

【疏證】

奎本以下諸六臣合注本、尤本悉作「於」。謹案：五臣良注云：「司馬相如謝病居茂陵，言今求為此。」甚得其解。毛本獨因「於」、「欲」二字音近而譌，陳校當據上下文義、尤本等正之。

別范安成詩一首　　沈休文

生平少年日　　注：《漢書・灌侯傳》曰：生平慕之。

【陳校】

注「灌侯」。「侯」，作「夫」。

【疏證】

奎本以下諸六臣合注本、尤本悉作「夫」。謹案：「生平慕之」語，見《漢書・灌夫傳》，亦見《史記・魏其武安侯列傳（灌將軍夫傳）》。此毛本傳寫獨譌，陳校當據《漢書》、尤本等正之。

悲復別離時　　注：言年壽衰暮，死日將近，交臂相失，故曰非時也。

【陳校】

「悲復別離時」。「悲」，作「非」。

【疏證】

諸《文選》本悉作「非」。謹案：《藝文類聚》卷二十九、《海錄碎事》卷九下「前期」引，並作「非」。毛本獨傳寫而譌。據善注亦足證當作「非」，否則「故曰非時也」，語無所歸。「非」，又與上句「及爾同衰暮」之「及」字切對，陳校當據上下文義、尤本等正之。

文選卷二十一

詠史詩一首　王仲宣

惜哉空爾為　注：鄭玄《禮記注》曰：爾，語助也。

【陳校】

　　注「爾，語助」。按，「爾為」猶言「如此」。漢、魏間語皆然，如《臧洪傳》：「袁紹語陳宮：「魏明帝曰：『燕王正爾為。』」」是也。

【集說】

　　顧按：有誤。

【疏證】

　　奎本以下諸六臣合注本、尤本同。謹案：此陳正善引鄭注之不當，屬廣義校讎。《六書故・數》：「如是」之合為「爾」。王氏《釋詞》：「爾，猶如此也……凡後人言不爾、乃爾、果爾、聊復爾耳者，並與此同義。」

臨穴呼蒼天　注：《毛詩》曰：彼倉者天，殲我良人。

【陳校】

　　注「倉」，作「蒼」。

【疏證】

　　奎本以下諸六臣合注本、尤本作「蒼」。謹案：語見《毛詩注疏・秦風・

黃鳥》，字正作「蒼」，然「蒼」從「倉」得聲，字或可通。《說文通訓定聲‧壯部》：「倉」，段借為「蒼」。《毛詩注疏‧王風‧黍離》「悠悠蒼天」音義：「蒼，本亦作倉」；《禮記‧月令》：「駕倉龍，載青旗」。皆其證。然則，陳亦不必據正文改毛本。

詠史詩八首　左太沖

（弱冠）夢想騁良圖　注：韓君《章句》曰。

【陳校】

注「韓君《章句》」。「韓」下，脫「詩薛」二字。

【集說】

胡氏《考異》曰：注「韓君《章句》曰」，陳曰云云。是也，各本皆誤。
梁氏《旁證》同胡氏《考異》。

【疏證】

明州本、贛本、尤本、建本同。奎本作「韓詩章句曰」。謹案：按善注例當作「薛君《韓詩章句》」，奎本疑脫「薛君」二字。今考本書善注用「薛君《韓詩章句》」者，五十餘處，而無一處用「韓詩薛君章句」者，可以為證。自明州本「詩」譌作「君」，是誤中有誤，贛本以下咸踵之。毛本當誤從尤本等，陳校、前胡亦似是而非。

（吾希）高節卓不群　注：《論語》：顏回曰：如有所立卓爾。

【陳校】

注引《論語》「如有所立卓爾」。按此當引《漢書‧河間王贊》「夫惟《大雅》，卓爾不群」作注，今未諦。

【疏證】

奎本以下諸六臣合注本、尤本同。謹案：《論語》，見《子罕》篇。毛本當從尤本等。此亦陳正善引書之不當。六臣合注本有濟曰：「謂不為貴者所羈而能解紛，又不受所賞。卓然與天下不羣也。」陳校未必不受益於五臣此注，所勝者，蓋善於引史書為證耳。

連璽燿前庭 注：田單欲爵之，仲連遊海上。

【陳校】

注「仲連遊海上」。「遊」，作「逃」。

【集說】

余氏《音義》曰：「遊海」。「遊」，何改「逃」。

【疏證】

奎本以下諸六臣合注本、尤本作「逃」。謹案：《史記·魯仲連傳》作「魯連逃隱於海上。」本書謝靈運《遊赤石進帆海》「仲連輕齊組」注、范蔚宗《逸民傳論》「蹈海之節」注引並同。然本條善未援引《史記》，乃善逕節《史記》文為注，毛本傳寫偶譌，陳、何當從《史記》、尤本等正之。

（濟濟）濟濟京城內 注：吳質《書》曰：陳威發憤，思入京城。

【陳校】

注「陳威」。「威」，當作「咸」。

【集說】

余氏《音義》曰：「陳威」。何曰：當作「陳咸」。

胡氏《考異》曰：注「陳威發憤。」何校「威」改「咸」。陳同。各本皆譌。

梁氏《旁證》同胡氏《考異》。

【疏證】

尤本、奎本以下諸六臣合注本悉同。謹案：吳季重《在元城與魏太子牋》，載在本書，作「陳咸憤積。」此用《漢書·陳咸傳》故事。毛本當涉注上文「毛萇曰：濟濟，多威儀也」而譌。陳、何校當據《漢書·陳咸傳》、本書內證、尤本等正之。

朱輪竟長衢 注：古詩曰：長衢夾巷。

【陳校】

注「長衢夾巷」。「衢」下，脫「羅」字。

【集說】

胡氏《考異》曰：注「長衢夾巷」。陳曰云云。各本皆脫。

梁氏《旁證》同胡氏《考異》。

【疏證】

奎本、明州本、尤本、建本脫同。贛本有「羅」字。謹案：《藝文類聚》卷二十八引有「羅」字。本書《古詩十九首・青青陵上柏》正有「羅」字。又，江文通《雜體詩・陳思王》注引同。陳校蓋從本書內證、贛本等正之爾。

寂寂楊子宅

【陳校】

「楊」，作「揚」。

【集說】

徐氏《規李》曰：楊德祖《答臨淄侯牋》「修家子雲」。案：「揚雄」之「揚」，本從手。今讀此《牋》，意古「揚」、「楊」字通也。見《規李・答臨淄侯牋》。

【疏證】

五臣正德本、奎本、明州本、尤本、建本同。贛本作「揚」。謹案：《今事文類聚》續集卷六、《文章正宗》卷二十二上、《九家集注杜詩・夢李白二》引並從「木」。《記纂淵海》卷五十八引、《古今合璧事類備要別集》卷十五「無卿相輿」注、《九家集注杜詩・堂成》「旁人錯比楊雄宅」注引並從「才」。毛本當從尤本等。陳校蓋從贛本，然「揚」與「楊」本通。亦不必改。段注《說文・木部》云：「楊，古假楊為揚，故《詩・楊之水》毛曰：『楊，激揚也。』」《通志・氏族略三》：「揚氏，姬姓。周宣王子尚父，幽王時封為揚侯，為晉所滅。其後為氏焉，或曰周景王之後。一云唐叔虞之後，至晉武公孫于齊生伯僑，歸周，天子封揚侯。」《左傳・襄公二十九年》曰：「虞、虢、焦、滑、霍、揚、韓、魏，皆姬姓也。」阮元校勘曰：「石經初刻楊，後改從才。段玉裁云：『初刻作揚』，是也。」若依石刻，則揚正楊誤，然王念孫《讀書雜志・漢志》、朱駿聲則以「揚」為「楊」之誤字。朱《說文通訓定聲・壯部》云：「《漢書・揚雄傳》，字從手。說者謂子雲好奇特自標異。按雄《反騷》自序世系，當即《左傳》楊食我之後。三國楊德祖云：修家子雲老不曉事，則其氏從木可知。」可備異聞。觀上引《九家集注杜詩》一書二詩，正文並從「木」，注則一從「木」、一從「才」，思過半矣。

（皞天）峩峩高門內　注：《廣雅》曰：峩峩，容也。峩，與娥同，古字通。

【陳校】

「峩峩高門內。」「峩」，作「峨」。

【集說】

胡氏《考異》曰：注「峩峩，容也。」案：「峩峩」，當作「娥娥」。各本皆譌。今《廣雅》可證。

梁氏《旁證》曰：「峩峩」，當作「娥娥」。朱氏珔曰：「《廣雅·釋訓》前有峩峩高也」云云。

朱氏《集釋》曰：案：《廣雅·釋訓》，前有「峩峩，高也」，後有「娥娥，容也」。詩言「高門似峩峩」，當從「高」義。注從「容」義者，蓋即以門內之人言之。則引《廣雅》宜作「娥娥」。此從「山」字之誤也。但「峩」與「娥」本通。《神女賦》：「其狀峩峩，何可極言」，謂美容也。德容亦謂之「峩峩」。《大雅·棫樸篇》「奉璋峩峩」，是也。

薛氏《疏證》曰：司馬長卿《長門賦》「南山峩峩」善注：「峩，音娥。」何休《公羊傳》注：「《詩》云：『奉璋峩峩』，《釋文》：『峩，五多反。本又作娥。』」「峩」正字，「娥」叚借字，蓋峩、娥俱從「我」字得聲也。

【疏證】

奎本、尤本作「峩峩」。五臣正德本及陳本作「峨峨」，明州本、贛本、建本同。謹案：五臣作「峨峨」，濟注可證。善本，則據其注「峩，與娥同」云云，已可必正文為「峩峩」（無論引《廣雅》從山、從女。說見下），「峩」與「峨」同。見《改併四聲篇海·山部》引《玉篇》。然既五臣與善有別，則正文例當為「峩峩」。自明州本妄改奎本之「峩峩」為「峨峨」，並改善注「與娥」為「與峨」，其下諸六臣合注本並踵其誤，陳校之誤亦從此出。前胡、朱珔並不改正文，是也。前胡、朱珔所關注者，在善注所引《廣雅》「峩峩，容也」之「峩峩」，當從「山」還是從「女」。二家並以作「娥娥」為是。竊以為：朱氏云「峩」與「娥」本通。並舉《神女賦》、《大雅·棫樸篇》為例，所謂「德容亦謂之峩峩」，極是。況《廣雅·釋訓》，並收有「峩峩，高也」、「娥娥，容也」，故從山與從女並得。然考慮及當受制於李善「峩，與娥同」四字之說，故還當以從女為得。否則，四字中「娥」字，無照應矣。毛本正文從尤本等不

誤，陳校不得改。前胡、朱氏注引《廣雅》宜作「娥娥」說亦是。

高步追許由　注：《高士傳》曰：許由……為堯所讓，由是退隱避，耕於嶽嶽下。

【陳校】

注「耕於嶽嶽」。上「嶽」作「中」。

【疏證】

奎本以下諸六臣合注本、尤本作「中」。謹案：事見皇甫謐《高士傳·許由》，作「中岳」，《藝文類聚》卷三十六引魏隸《高士傳》同。此毛本獨涉下而額，陳校當據《高士傳》、尤本等正之。

（荊軻）買臣困采樵　注：《漢書》曰：買臣愈益疾歌道中之求去。

【陳校】

注「道中之」，當作「妻羞之」。

【疏證】

奎本以下諸六臣合注本、尤本作「妻羞之」。謹案：語見《漢書·朱買臣傳》，字正作「妻羞之」。《太平御覽》卷四百八十四、卷四百九十一、《冊府元龜》卷七百七十二、卷九百二引、《古今合璧事類備要》前集「離棄其夫」注引並同。此毛本獨譌，陳校當從《漢書》、尤本等正之。

壁立何寥廓　注：郭璞曰：貧窮也。

【陳校】

注「貧窮也」。「貧」上，脫「言」字。

【疏證】

奎本以下諸六臣合注本、尤本脫同。謹案：郭注，見《史記·司馬相如列傳》「徒四壁立」注引《集解》，上諸本注皆脫。陳校當據《集解》補。

（習習）咄嗟復彫枯　注：《史記》又曰：二世下斯，就五刑。

【陳校】

注「下斯，就五刑」。「就」上，脫「吏」字。

【疏證】

奎本以下諸六臣合注本同。尤本「就」上有「使斯」二字（胡本改作「吏斯」）。謹案：事見《史記・秦始皇本紀》，《史記》作「下去疾、斯、劫吏。案責他罪，去疾、劫曰：『將相不辱。』自殺。斯卒囚，就五刑。」此善撮《史記》文為注。毛本蓋從六臣合注本，節最簡潔，陳校則從尤本而改「使斯」字為「吏」，亦得。尤本及後之胡本並失之累贅矣。此毛本從六臣為勝尤本例。

詠史詩一首　張景陽

張景陽　注：臧榮緒《晉書》曰：後為黃門侍郎，因託疾，遂絕人事。終於家。

【陳校】

注舊本「遂絕人事」下，無「終於家」三字，多「協見朝廷貪位祿者眾，故詠此詩以刺之」十六字。

【集說】

余氏《音義》曰：何曰：「俞（瑒）曰：『舊刻六臣本無『終於家』三字，多『協見朝廷貪祿位者眾，故詠此詩以刺之』十六字」。

胡氏《考異》曰：注「終於家」。袁本、茶陵本無此三字，有「協見朝廷貪祿位者眾，故詠此詩以刺之」十六字。案：此當以尤所見為是，二本並五臣於善而誤也。何、陳皆取以添改，非。凡題下意揣作者之旨，均屬五臣語，前後可以例推而得者。

【疏證】

尤本同。奎本以下諸六臣合注本悉有「協見」十六字，無「終於家」三字。謹案：余氏《音義》移錄何校，何校則引俞瑒（1644～1694）說。瑒，字犀月。吳江（一說長洲人）人。生崇禎十七年，卒於康熙三十三年。《江南通志》卷一百六十八有《傳》云：「通經史。上下千百年，徵引考據，原原本本，如燭照數計。顧嗣立選《元詩》、注《韓愈》、《溫庭筠集》，商榷為多。」亦《文選》名家。生前有所批校《文選》等行世，當早於何校本。何氏《讀書記》卷四十五校《文選》於《西都賦》「挋建章而連外屬」條、《思玄賦》「占

既吉而無悔兮」條，已見二難俞說矣。前胡「此當以尤所見為是」此說誠是。陳、何校並非。前胡「凡題下意揣作者之旨」云云，所謂「題下」包括作者名下注。陳校此所謂「舊本」，實係包括袁、茶二本在內之六臣合注本。此因襲何校而沒俞煬主名耳。

多財為累愚　注：累愚，為過者之累也。

【陳校】

注「為過者之累也。」「過」，作「愚」。

【疏證】

奎本以下諸六臣合注本誤同。尤本作「愚」。謹案：按上下文意，尤本是。毛本當誤從建本等，陳校蓋據尤本正之。

覽古詩一首　盧子諒

盧子諒　注：徐廣《晉紀》曰：段末波愛其才……終不遣之。

【陳校】

注「終不遣之」。「遣之」作「之遣」。

【疏證】

奎本以下諸六臣合注本、尤本同。謹案：此陳氏據古漢語法常例，否定句賓語居動詞前改之，然亦屢見有溢出者，如：晉・袁宏《後漢紀・孝靈皇帝紀》：「於是傅燮功多應封，為趙忠所譖。上識燮，不罪之。」陳氏未免拘泥。元・劉履《風雅翼》卷四引則「遣之」去「之」字，亦得。

揮袂睨金柱　注：《史記》曰：……王授璧相如持璧……請以十五城與趙。

【陳校】

注「王授璧相如」下，脫「相如」二字。

【集說】

胡氏《考異》曰：注「《史記》曰」下至「請以十五都與趙」，此一百五字，袁本、茶陵本無。案：並善注於五臣而脫也。

【疏證】

奎本、尤本重「相如」。明州本善注首刪此一百五字，五臣良注則惟一「相如」。贛本、建本惟以善注居前，餘同明州本。謹案：《史記》，見《廉頗藺相如列傳》，今本不重「相如」字，《藝文類聚》卷八十四、《太平御覽》卷四百三十三、四百八十三、八百六三引並同。或善所見本與今本不同，然本書潘安仁《西征賦》「想趙使之抱璧」注引亦不重。然則，奎本、尤本誤重，毛本蓋宗《史記》，陳校不必據尤本等補焉。

東琴不隻彈

【陳校】

「琴」，作「瑟」。注同。五臣本作「琴」。

【集說】

孫氏《考異》曰：按：善本作「瑟」，五臣作「琴」。呂延濟注「實鼓瑟，而言琴者，文之失矣。」何以必從五臣耶？

顧按：五臣誤也，事出《史記》。《西征賦》亦作「東瑟」。

梁氏《旁證》曰：六臣本「瑟」，誤作「琴」。

姚氏《筆記》曰：「琴」，何改「瑟」。

胡氏《箋證》曰：注「善曰：東（琴）〔瑟〕已見《西征賦》。」按：《西征賦》「恥東瑟以偏鼓」，是正文本作「東瑟」，今為五臣所亂。濟注「實鼓琴而言瑟者，文之失」，則作「琴」者，為五臣本。

許氏《筆記》曰：「琴」，何改「瑟」。

【疏證】

五臣正德本、陳本同。奎本、明州本亦同，然善注作「瑟」。無校語。贛本、建本作「瑟」，校云：五臣作「琴」。尤本並注作「瑟」。尤氏《考異》曰：「五臣瑟作琴。」謹案：《海錄碎事》卷十六作「琴」。後胡言「濟注：『實鼓琴，而言瑟者，文之失。』則作『琴』者，為五臣本。」其說是也。孫氏說同。善本作「瑟」，則以顧按「事出《史記》，《西征賦》亦作東瑟」最得實。毛本以五臣亂善，陳、何校正之。

智勇冠當代，弛張使我歡　注：謂情百所悅，吟歎而歌詠。

【陳校】

　　注「情百所悅」。「百」，作「有」。按：孫安國言：「劉琨、王浚，睅眦起於絲髮，釁敗成於丘海。」此詩疑在越石幕中，見幽、並構釁而作。

【疏證】

　　奎本以下諸六臣合注本、尤本悉作「有」。謹案：毛本獨因傳寫形近譌「百」，陳校當據上下文義、尤本等正之。孫盛語，見本書鮑明遠《白頭吟》「毫髮一為瑕，丘山不可勝」注。陳校兼考盧《詩》作時。

張子房詩一首　謝宣遠

苛慝暴三殤　注：《禮記》曰：……使子貢問之曰：子之哭也，上似重有憂者……苛政猛於虎也。

【陳校】

　　注「上似重有憂者」。「上」，作「一」。

【疏證】

　　奎本、尤本作「一」。明州本首刪「《禮記》曰孔子」下至「苛政猛於虎也」八十四字，祇留「苛，猶虐也」一句。贛本、建本則作「苛，猶虐也。《禮記》曰：苛政猛於虎。同翰注」。乃以五臣亂善。其翰注「使子貢問之」下緊接婦人「曰吾舅死於虎」云云，無「子之哭也，一似重有憂者」十字。謹案：《禮記》，見《檀弓下》篇，作「壹」。「一」與「壹」同。王氏《釋詞》卷三曰：「一，語助字，或作壹。」稱引即《檀弓》篇。陳校蓋依尤本等正之。本條亦可證，前胡《考異》每見尤本文多於六臣合注本，輒云「此尤氏所增」說之不可全信。尤本增多，實每見有其版本依據。

注：昔者吾兒死於虎，吾夫又死焉。今吾子又死焉。

【陳校】

　　注「吾兒」。「兒」作「舅」。東坡云：「苛慝暴三殤，此《禮》所謂上中下殤。言暴秦無道，戮及孥稚也。五臣注乃引苛政暴于猛虎，吾父吾夫吾子，皆死於是。謂夫與父為殤，豈非俚儒之荒陋者乎？」觀坡所云，則此乃出於五

臣，非善注也。然舊刻六臣注本，此句下亦有善注「苛猶虐也。《禮記》苛政猛于虎」一條，似不全出於五臣，當是善止引《檀弓》「苛政」一句，以釋「苛慝」之義，而蔓引「吾舅」云云，如東坡所譏「三殤」之釋者，出於李周翰也。

【疏證】

奎本、尤本作「舅」。明州本、贛本、建本已見上文。謹案：本書潘元茂《冊魏公九錫文》「吏無苛政」注引亦作「舅」。此疑毛本所據本「舅」為壞字，而譌作「兒」耳。陳校蓋從本書內證、尤本等正之。又，觀陳氏引「舊刻六臣注本」云云，可證此所謂「舊六臣本」，蓋屬贛本系統，或竟贛本爾。至於陳言「善止引《檀弓》苛政」而蔓引「吾舅」云云，出五臣翰，則非事實，奎本、尤本可證其非。翰實襲善注而改寫耳。

鴻門消薄蝕，垓下殞欃搶　注：京房《易飛侯》曰：凡日蝕皆於晦朔，不於晦朔蝕者，名曰薄。

【陳校】

注「《易飛侯》」。「侯」，作「候」。

【疏證】

奎本以下諸六臣合注本、尤本悉作「候」。謹案：《隋書·經籍三》有：「《周易飛候》六卷。京房撰」。正作「候」。本書江文通《雜體詩·劉太尉》「秦趙值薄蝕」注引亦作「候」。陳校當據《隋書·經籍志》、本書內證、尤本等改之。然「侯」，與「候」通。《廣韻·侯韻》：「侯，候也。」《周禮·春官·小祝》：「掌小祭祀，將事侯禳禱祠之祝號。」鄭玄注：「侯之言候也。」是其證。外如：唐·瞿曇悉達《唐開元占經·月占一》「月行陰陽」、「月失行及偃仰」、《太平御覽》卷七百四十一「暍」，引京房此書，悉作「侯」。《北堂書鈔》卷一百五十一「氣如覆船」注、《九家集注杜詩·大曆三年春白帝城放船出瞿唐峽——》「五雲高太甲」注、《山谷內集詩注·常父惠示丁卯雪十四韻謹同韻賦之》「大雲庇九丘」注引亦並作「侯」。即便《隋書》亦屢見通用，如：《五行志》「陳太建元年七月大雨」、「陳禎明初，狐入牀下」、「陳後主時蔣山有眾鳥」、「（後周）二十年無雲而雷」四條，皆作「京房《易飛侯》曰」云云。然則，毛本自有所本，陳亦不必改焉。

定都護儲皇 注：《漢書》又曰：上乃驚曰：……煩公幸卒調護太子。竟不易。不易太子者，良本招此四人之力也。

【陳校】

注「竟不易」。「不易」下二字，衍。

【集說】

胡氏《考異》曰：注「竟不易不易太子者」。袁本不重「不易」二字。何校去、陳云「衍」，是也。茶陵本全刪此節注，非。

梁氏《旁證》曰：何校去「不易」二字。

【疏證】

奎本、尤本同。明州本省作：「《漢書》：定都護太子。並同翰注。」贛本無此注，建本同贛本，而殘留明州本所有之「《漢書》」字。謹案：奎本、尤本注：「上乃驚曰：吾求公，公逃避我，今公何自從吾兒游乎？煩公幸卒調護太子。竟不易。不易太子者，良本招此四人之力也。」「竟不易」，是述此事結局，「不易太子者」二句，是述者評議。非衍文，何校去、陳曰「衍」、前胡說並非，蓋斷章取義，疏於上下文焉。當從奎本、尤本。

明兩燭河陰 注：燭幽明也。

【陳校】

注「幽明也」。「幽」，作「猶」。

【集說】

胡氏《考異》曰：注「燭幽明也。」茶陵本「幽」作「猶」，是也。袁本亦作「幽」，誤與此同。

梁氏《旁證》曰：六臣本「幽」，作「猶」，是也。

【疏證】

奎本、明州本、尤本誤作「幽」。贛本、建本作「猶」。謹案：據下文「薄，猶輕易也」，亦可斷作「猶」為是。尤本等因「猶」、「幽」音近致譌，毛本當誤從之也。陳校當從上下文義、贛本等正之。

慶霄薄汾陽　注：王逸《楚辭注》曰：海內之政。

【陳校】

注「王逸《楚辭注》曰：海內之政見四子」。按：此十三字定有錯簡。當作「《莊子》：堯治天下之民，平海內之政，往見四子。」末句「也」字，當作「焉」。

「《楚辭注》曰」下，脫「慶雲，喻尊顯也。《莊子》：堯治天下之民〔平〕」共十五字。

【集說】

余氏《音義》曰：「王逸《楚辭注》」五字。何刪，增「《莊子》曰：堯治天下之民」八字。

胡氏《考異》曰：注「王逸《楚辭注》曰：海內之政。」何校「王逸《楚辭注》曰」六字，改作「《莊子》：堯治天下之民平」九字。非也。陳云：「『《楚辭注》曰』下，脫『慶雲，喻尊顯也。《莊子》：堯治天下之民平』共十五字。」是也。

梁氏《旁證》曰：何校：「『曰』字下，脫『慶雲，喻尊顯也。《莊子》：堯治天下之民平』共十五字」。

許氏《筆記》曰：注「王逸《楚辭》注曰」。下脫「泊，止也。薄與泊，古字通。《莊子》：堯治天下之民平」十八字。

【疏證】

尤本同。奎本「海」上有「平」字。明州本、贛本、建本刪此注。袁本、茶陵本亦無此注。謹案：語見《莊子·逍遙遊》。正如陳氏前後二校之後一校。毛本之脫，當從尤本。陳校當據《莊子》補正之。前胡《考異》亦以陳後校以正何，是也。許校亦可備一說。「平海內之政」以下陳校，說見下文。

又注：見四子藐姑射之山

【陳校】

注當作「往見四子」。已見上。

【集說】

余氏《音義》曰：「見四」。何「見」下增「在」字。

胡氏《考異》曰：注「見四子」。何校「見」上添「往」字。陳同。是也。

梁氏《旁證》曰：「見」上脫「往」字。陳同。是也。

許氏《筆記》曰：「海內之政」下，脫「往」字。

【疏證】

奎本、尤本亦脫。明州、贛本、建本、袁本、茶陵本無此注。謹案：《莊子注・逍遙遊》，作「往見四子藐姑射之山」。本書王元長《三月三日曲水詩序》「悵望姑射之阿」注引並有「往」字。謝靈運《從遊京口北固應詔》「昔聞汾水遊」注引作「堯見四子藐姑射之山，汾水之陽」，則「往」誤作「堯」。毛本當誤從尤本，陳校當依《莊子》正之。余氏迻錄，顯然「下」係「上」之誤、「在」當「往」之誤也。

又注：窅然喪其天下也。

【陳校】

末句「也」字，當作「焉」。已見上。

【集說】

胡氏《考異》曰：注「喪其天下也」。何校「也」改「焉」。陳同。是也，袁本、茶陵本所脫止此。

梁氏《旁證》曰：何校：「也字，當改焉。」陳同。是也。

【疏證】

奎本、尤本同。明州、贛本、建本、袁本、茶陵本無此注。謹案：語見《莊子・逍遙游》，字正作「焉」。本書王元長《三月三日曲水詩序》「悵望姑射之阿」注引，末字正作「焉」，謝靈運《從遊京口北固應詔》則節去本句。毛本亦誤從尤本，陳、何校當依《莊子》補之。

蹇步愧無良　注：《左氏傳》曰：孟縶之足不良能行。

【陳校】

注「不良能行」。「能」，當作「於」。

【集說】

胡氏《考異》曰：注「不良能行」。何校「能」改「於」。陳同，各本皆譌。

梁氏《旁證》同胡氏《考異》。

【疏證】

　　奎本、明州本、尤本、建本同。獨贛本作「弱」。謹案：語見《春秋左傳注疏·昭公七年》，作：「孟縶之足不良弱行」注：「跛也。」正義曰：「當斷『不良』為句。」贛本蓋出《左傳》。《古今事文類聚》後集卷二十引《左傳》作「於」。《山谷內集詩注·次韻楊明叔見餞（老作）》「蹇足信所便」注云：「李善注引《左傳》曰：『孟縶之足，不良于行。』」「于」與「於」同。然則，陳、何校非無依據。毛本當誤從尤本等。

秋胡詩一首　　顏延年

俊節貫秋霜

【陳校】

　　「俊」，作「峻」。

【集說】

　　孫氏《補正》曰：「俊」與「峻」，古字通。《書》「克明俊德」，《大學》作「克明峻德」。

【疏證】

　　諸《文選》本悉作「峻」。謹案：五臣作「峻」，翰注可證。明·何楷《詩經世本古義》卷十之上：「宜鑒于殷，駿命不易」注：「《大學》作峻，豐本作俊。」是「俊」與「峻」、「駿」相通之證。《毛詩注疏·大雅·文王》音義：「駿，音峻，又音俊」，四庫館臣《詩經世本古義提要》謂何書「凡名物訓詁，一一攷證詳明，典據精確」，宜可據引，毛本未必非也。陳校不必改。

嗟余怨行役，三陟窮晨暮　　注：《毛詩》曰：嗟予子行役，夙夜無已。又曰：陟彼崔嵬，我馬虺隤。又曰：陟彼高岡，我馬玄黃。又曰：陟彼砠矣，我馬瘏矣。

【陳校】

　　注引《卷耳》詩釋「三陟」。按：《陟岵》詩「孝子行役」，而作「行役」，下接「三陟」句，似當即引本詩「陟岵」、「陟屺」、「陟岡」作注，於本事尤親切。

【集說】

孫氏《補正》曰：「三陟」，謂「陟岵」、「陟屺」、「陟岡」也。恐不當引《卷耳》詩。

張氏《膠言》曰：注引「陟彼崔嵬」云云。孫侍御云「三陟，……不當引《卷耳》。」雲璈按：此但言其行役耳，即引《卷耳》亦無不可。且《列女傳》一則曰「以金遺母」，再則曰「忘母不孝」，又安見秋胡之有父與兄也？孫說未的。

梁氏《旁證》曰：孫氏志祖曰：「三陟，謂陟岵、陟屺、陟岡也。」

徐氏《規李》曰：按：本文上句已用《魏風》，下句「三陟」，當即指「陟岵」、「陟屺」、「陟岡」而言。

胡氏《箋證》曰：孫氏志祖曰云云。紹煐按：善既引《陟岵》詩「嗟予子行役，夙夜無已」二句，何不連引？竊所未解。

許氏《筆記》曰：「三陟」。或云：「當用《陟岵》詩。」嘉德案：孫云「三陟」云云。張仲雅云云。德謂：《陟岵》之詩，孝子行役，思念父母作也。秋胡忘親，李氏不許以孝子而引《卷耳》，但言其行役勞瘁，有深意焉。張說是也。

【疏證】

奎本以下諸六臣合注本、尤本同。謹案：善注引《毛詩·陟岵》釋上句「行役」，下句「三陟」，則以《毛詩·卷耳》釋之，陳以為還當引《陟岵》釋之，然張氏、嘉德以為善有深意，不必改。其說亦可參。

驚鳥從橫去

【陳校】

「從」，作「縱」。

【疏證】

五臣正德本、陳本作「從」。奎本、明州本同，失著校語。贛本、建本作「縱」，校云：五臣作「從」。尤本作「縱」。謹案：《楚辭·七諫·沉江》「不開竇而難道兮，不別橫之與縱」王逸注：「緯曰橫，經曰縱。」縱橫、經緯相對，是「縱」正「從」叚。五臣喜用叚字，反證善本當依正字。《玉臺新詠》卷四、《樂府詩集·秋胡行》並作「縱」，善注當同。並見贛本之校，固有根

據，「從」、「縱」雖通，然既善與五臣有別，則例當正之。毛本以五臣亂善，非。

昔醉秋未素

【陳校】

「醉」，作「辭」。

【集說】

胡氏《考異》曰：袁本、茶陵本「醉」作「辭」，有校語云：善作「醉」。案：各本所見皆非也。「醉」，但傳寫譌。非善、五臣有異。

梁氏《旁證》曰：尤本「辭」誤作「醉」。六臣本校云：善作「醉」，非也。

【疏證】

尤本作「醉」。奎本以下諸六臣合注本作「辭」，校云：善本作「醉」。謹案：前胡「醉，但傳寫譌」說是，然尚未得其真諦。據下句「今也歲載華」，則上文當是「者」字之誤，「者」、「也」例相對。吳語「醉」、「者」音近，恐是音譌之故。五臣正德本、陳本並作「辭」。當善本作「者」、五臣作「辭」，故前胡「非善五臣有異」說，亦非。

密此金玉聲

【陳校】

「此」，作「比」。五臣作「此」。

【集說】

余氏《音義》曰：「此」，六臣作「比」。

孫氏《考異》曰：「此」，善本作「比」。五臣作「此」。

梁氏《旁證》曰：六臣本「比」作「此」。

姚氏《筆記》曰：「密比金玉聲」。何校改云：「比，五臣作此。」

許氏《筆記》曰：「密此」。「此」，何改「比」。

【疏證】

尤本作「比」。奎本、明州本作「此」，無校語。贛本、建本作「比」，校云：五臣作「此」。五臣正德本、陳本正作「此」。謹案：尤氏《考異》曰：「五

臣比作此。」《藝文類聚》卷十八、《玉臺新詠》卷四、《樂府詩集》卷三十六並作「此」。五臣或從《類聚》以求異善本。毛本從五臣亂善，陳、何校蓋從尤本等正之。

自昔枉光塵　注：繁欽《與魏文帝》注曰：冀事速訖，旋待光塵。

【陳校】

注「注曰」。作「牋」。又「旋待光塵」。「待」，作「侍」。

【疏證】

奎本、明州本、建本作「牋」、「待」。贛本、尤本作「牋」、「侍」。謹案：語見本書繁《與魏文帝牋》，字正作「牋」、「侍」，《海錄碎事》卷八上引同。陳改作「牋」，是。然「侍」與「待」則通。《儀禮注疏·士昏禮》：「媵侍於戶外，呼則聞。」鄭玄注：「今文侍作待。」是其證。陳不必改焉。

五君詠五首　顏延年

五君詠　注：沈約《宋書》曰：顏延年領步文氏酒……詠劉伶曰：韋菁已沈飲。

【陳校】

（題「五君詠」下）脫「五首」二字。又注「領步文氏」。「文氏」，作「兵好」。又「韋菁已沈飲」。上三字，當作「韜精日」。

【集說】

梁氏《旁證》曰：「顏延年領步兵好酒」。段校：「兵，改軍，好，改嗜。」姜氏皋曰：「《宋書》本傳作『步兵校尉』、『好酒，疏誕。』也是，不必改。且《宋·百官志》步兵校尉與屯騎、越騎、長水、射聲為五校，秩二千石。『兵』，似不必改，『校尉』二字，亦似不宜刪。」

【疏證】

奎本以下諸六臣合注本、尤本悉有「五首」二字、作「兵好」、作「韜精日」。謹案：《宋書》本傳，正作「領步兵（校尉）」、「好酒」、「韜精日」。宋·王十朋《東坡詩集註》「聊復數山王」注引同。此毛本獨譌。觀其邊旁或似，疑是所據本字跡漫漶所致。至於「沈飲」上三字，據下《劉參軍》詩即可正

之。姜言不刪「校尉」，蓋從《宋書》，亦得。

阮步兵

沈醉似理照

【陳校】

「理」，作「埋」。

【疏證】

諸《文選》本咸作「埋」。謹案：《玉篇·土部》：「埋，藏也。」作「埋」是。宋·郭知達《九家集注杜詩·暮冬送蘇四郎徯兵曹適桂州詩》「爾賢埋照久，余病長年悲」注引本詩即作「埋照」，宋·黃鶴《補注杜詩》，注同。「埋照」，即「韜晦」，猶「韜精」爾。此毛本傳寫形近獨譌，陳校當據尤本等正之。

嵇中散

形解驗默仙　注：顧凱之《嵇康讚》曰：寧伐聞靜室有琴聲。

【陳校】

注「伐聞」。「伐」，作「夜」。

【疏證】

奎本以下諸六臣合注本、尤本作「夜」。謹案：真德秀《文章正宗》卷二十二下注引、《記纂淵海·尸解》引顧《讚》，並作「夜」字。此獨毛本「夜」、「伐」二字形近而譌，陳校當從尤本等正之。

立俗迕流議　注：《爾雅》曰：迕，迕，犯也。……《桓子新論》曰：天神人五。

【陳校】

注「迕，迕」。下作「逆」。又「天神人五。」「神」上，脫「下」字。

【集說】

胡氏《考異》曰：注「天神人五。」陳云：「神上，脫下字。」是也，各本皆脫。

【疏證】

下「迣」，奎本以下諸六臣合注本、尤本悉作「逆」。謹案：今本《爾雅》有「遻」無「迣」。《釋詁》云：「遻，見也。」釋文：「遻，字又作迣。同五故反。」《集韻·鐸韻》：「遻，隸作遌。」是「遻」、「迣」、「遌」三字同。「遻」為正字，「迣」、「遌」皆其別體耳。毛本下「迣」字，本即「遻」字，尚是一字。《小爾雅·廣言》：「迣，犯也。」可為佐證。而六臣合注本、尤本之「逆」，當由「遻」字而來，反倒是誤字耳。陳校誤從尤本等。本條，再見毛本不可輕廢。「天下神人五」，奎本以下諸六臣合注本、尤本並脫「下」字。本書郭景純《江賦》「納隱淪之列真」注、謝玄暉《敬亭山詩》「隱淪既已託」注、任彥昇《為卞彬謝脩卞忠貞墓啟》「隱淪惆悵」注引並有「下」字。毛本當誤從尤本等，陳校當據本書內證等補正之。

劉參軍

韜精日沈飲 注：臧榮緒《晉書》曰：靈常乘鹿車。

【陳校】

注「靈常乘鹿車」。「靈」，當作「伶」。

【集說】

孫氏《考異》曰：「劉伶善閉關」。彭叔夏《文苑英華》引作「劉靈」，云：「《文選·酒德頌》五臣注：『臧榮緒《晉書》：劉靈，字伯倫。』唐太宗《晉書》本傳作『伶』，故他書通用『伶』字。」

顧按：「靈」字不誤，宋本正文亦作「靈」。

胡氏《考異》曰：（大題下）注「詠劉伶曰」。「伶」當作「靈」。各本皆誤。袁、茶陵二本後正文亦作「伶」。詳其注中凡所載「五臣曰」則為「伶」字，而善注三見，仍皆為「靈」字。然則，必五臣「伶」、善「靈」，而失著校語。尤所見正文獨不誤。此處因向同善注而亂耳。又案：二本《酒德頌》注，亦善是「靈」字、五臣是「伶」字。

梁氏《旁證》曰：（大題下）注「詠劉伶曰」。「伶」，當作「靈」，各本皆誤。又曰「劉靈善閉關」，《文苑英華辨證》云：「臧榮緒《晉書》：『劉靈，字伯倫。』《文中子》：『劉靈，古之閉關人也。』《語林》：『天生劉靈，以酒為名。』顏延之詩：『劉靈善閉關。』並作靈。而唐太宗《晉書》本傳作『伶』，

故他書通用『伶』字。」按六臣本作「伶」。然詳注中所載五臣注皆作「伶」，而李注三見皆作「靈」，是李自作「靈」之證。胡公《考異》曰：「六臣本《酒德頌》注，亦善作靈、五臣作伶。」

徐氏《規李》曰：「劉靈善閉關」自注：「靈，今作伶」。

許氏《筆記》曰：「劉伶善閉關」，「伶」，何改「靈」，依李注也。案：《文苑英華》皇甫湜《醉賦》作「劉靈」，周益公校注云：「《文選》顏延之《五君詠》並《語林》、《文中子》皆作靈，《晉書》作伶，故他書或通用。茲因古本，戒後人之輕改。」然今本《文選》非復益公所見之本矣。嘉德案：胡云：「凡注中所載，五臣則為伶字，而善注三見皆為靈字，然則，五臣作伶，善作靈也。」又：「茶陵、袁氏二本《酒德頌》注亦是善靈、五臣伶。」是《文選》原作「劉靈」，與周益公所見原本同，自五臣改為「伶」，而今本亂之矣。

【疏證】

奎本正文並善注三見作「伶」。贛本正文「伶」，注二「伶」，一作「靈」。明州本、建本「伶」，注二「靈」，一作「伶」。尤本正文並注悉作「靈」。五臣正德本、陳本正作「伶」。《古今事文類聚》續集卷十五亦作「伶」。謹案：陳氏、許氏《筆記》之校，皆當如前胡《考異》繫於大題注下。善本作「靈」、五臣作「伶」，陳校以五臣亂善，大非。何校、前胡、二許說皆是。前胡精，而許說較備，乃集《文苑英華辨證》及胡氏《考異》兩家而成。顧氏所謂「宋本」，即黃丕烈藏後印尤本耳。

阮始平

達音何用深　注：傅暢《晉諸公贊》曰：阮咸唱議：荀勖所造樂聲高則悲。

【陳校】

注「聲高」下，脫「聲高」二字。

【集說】

余氏《音義》曰：「聲高」，何下增「聲高」二字。

顧按：此當重一「高」字。

胡氏《考異》曰：注「聲高則悲」。何校「高」下添「聲高」二字，陳同。茶陵本有。案：尤本此處修改，以字數計之，蓋初刻重一「高」字，是也。袁

本無，與修改者同。

梁氏《旁證》曰：六臣本「高」字下重「聲高」二字。

【疏證】

奎本、明州本、尤本（胡本同）並脫。贛本、建本重「聲高」二字。謹案：《晉書‧律曆志上》「荀勖造新鍾律與古器諧韻，時人稱其精密，惟散騎侍郎陳留阮咸譏其聲高。聲高則悲，非興國之音。」陳、何校當從《晉書》。然《考異》以字數推其「初刻重一高字」，今檢《世說新語‧術解》「荀勖善解音聲」注引《晉諸公贊》作「阮咸謂勖所造聲高，高則悲。夫亡國之音哀以思」云云，竟與之不謀而合，足見前胡識高陳、何師弟一籌，故還當從前胡為得真諦。本條注茶陵本重「聲高」、袁本不重，明顯不同，而梁氏則渾言「六臣本重聲高二字」，足見梁校設例之失當。

一麾乃世守

【陳校】

「世」，作「出」。

【集說】

孫氏《考異》曰：何校「世」改「出」。

許氏《筆記》曰：何改「一麾乃出守」。嘉德案：注「麾」，指麾也。言為勖所指揮也。何氏曰：「後人作旌麾之麾用，非也。」《夢溪筆談》云「自杜牧之有『擬把一麾江海去』之句，誤用一麾二字，後遂為牧守故事。」張仲雅云：「此詩自作『指麾』，然『牧守旌麾』，沈休文《齊安陸王碑》『建麾作牧』，在杜牧之前已用之。不必麾字定出顏詩，謂為誤用也。」

【疏證】

諸《文選》本悉作「出」。《宋書》卷七十三、《南史》卷三十四顏本傳，《學林》卷十、《野客叢書》卷十九及卷二十三，《冊府元龜》卷九百三十八引，皆作「出」。《古今合璧事類》備要後集「延之五詠」注、《翰苑新書》前集卷五十三「作五君詠」注等引並同。謹案：但據上文「五薦不入朝」之「入」字，亦可斷作「出」為得。《野客叢書‧顏延年五君詠》：「徐羨之不悅延年，出為始安太守。謝晦謂延年曰：『昔荀勖忌阮咸，斥為始平郡，今卿為始安，可謂二始。』延年後復為劉湛出為永嘉太守，怨憤之甚，故有是作。」吳語

「始」「世」音同易淆，豈「二始」說，為毛本所出，抑「世」、「出」形近而偶譌歟？陳、何校當據史傳、尤本等正之。

又注：傅暢《諸公讚》曰：因事左咸為始平太守。

【陳校】

注「因事左咸」。「左」下，脫「遷」字。

【疏證】

奎本以下諸六臣本、尤本有「遷」字。謹案：《世說新語‧術解》「荀勗善解音聲」注引《晉諸公贊》正有「遷」字。五臣銑注與善引「傅《讚》」語同，亦作「因事左遷咸為始平太守」而有「遷」字。此毛本傳寫偶奪，陳校當從尤本等補之。

向常侍

探道好淵玄　注：王逸《妍蚩》曰

【陳校】

注「王逸《妍蚩》」。按：據前注，「妍」下當有「敖」字。

【疏證】

奎本以下諸六臣本、尤本悉脫「敖」字。謹案：毛本當誤從尤本等，陳補是，已見上《皇太子釋奠——》「澡身玄淵」條。

惻愴山陽賦　注：《氏一賦》曰：濟黃河以汎舟〔兮〕。

【陳校】

注「氏一」，當作「思舊」。

【疏證】

奎本以下諸六臣本、尤本悉作「思舊」。謹案：語見向《思舊賦》，明載本書。郭氏《九家集注杜詩‧贈王二十四侍御契四十韻》「山陽無俗物」注引「濟黃河」云云，亦作「《思舊賦》」，黃氏《補注杜詩》同。毛本獨譌，不明其所以然焉。

詠霍將軍北伐詩一首　虞子陽

擁旄為漢將　注：班固《涿郡山祝文》曰：仗節擁旄

【陳校】

　　注「涿郡山」。「郡」，作「邪」。

【集說】

　　余氏《音義》曰：「涿郡」。「郡」，何改「邪」。

　　姚氏《筆記》曰：注「《涿郡山祝文》」。按：「郡」，「邪」之譌。

【疏證】

　　奎本以下諸六臣合注本、尤本悉作「邪」。謹案：《玉海・漢勒功燕然山》「憲與秉各將四千騎，及南匈奴左谷蠡王師子萬騎出朔方雞鹿塞，……皆會涿邪山」及引「《文選注》本注」並作「邪」，本書任彥昇《宣德皇后令》「及擁旄司部」注、丘希範《與陳伯之書》「擁旄萬里」注引，並同。毛本獨因傳寫形近而譌，陳、何校當依本書內證、尤本等正焉。

乘墉揮寶劍　注：《越絕書》曰：楚王使風湖子……作劍。

【陳校】

　　注「風湖子」。「湖」，作「胡」。

【集說】

　　顧按：徐天祜注《吳越春秋》云：「湖，《越絕》作胡」，然《初學記》所引則與此同。胡氏《考異》曰：注「楚王使風湖子」。陳云：「別本湖作胡。」案：今未見。《七命》注引作「胡」。考《越絕書》今本作「胡」，《吳越春秋》作「湖」，他書所引，互有出入耳。

　　梁氏《旁證》曰：胡公《考異》曰云云。

【疏證】

　　奎本以下諸六臣合注本、尤本悉同。謹案：本書張景陽《七命》「大夫曰：楚之陽劍歐冶所營」、王子淵《聖主得賢臣頌》「及至巧冶鑄干將之璞」注引《越絕書》咸作「胡」。今檢《藝文類聚》卷六十引《越絕書》作「胡」。《史記・蘇秦列傳》「龍淵太阿」集解引《吳越春秋》、《北堂書鈔》卷一百二十二「服者可以伐敵」注引《吳越春秋》亦作「胡」。此等或陳校所據。顧按言及

之「徐天祜注」，見《吳越春秋・闔閭內傳》：「昭王不知其故乃召風湖子」下。前胡云「他書所引互有出入」，其說誠然。即便一書，亦有「胡」、「湖」並見，如上引《吳越春秋》，殿本作「胡」，顧按引徐注本作「湖」。然則，毛本不為誤，陳校不必改焉。

位登萬庾積　注：《論語》曰：子曰：與之庾。包咸曰：十六升為庾。

【陳校】

注「十六升」。「升」，作「斗」。

【疏證】

奎本以下諸六臣合注本同。尤本作「斗」。謹案：語見《論語注疏・雍也》，字正作「斗」。本書任彥昇《奏彈劉整》「何其不能折契鍾庾」注引同。清・吳浩《十三經義疑・周禮》「庾本有二法」云：「疏引《小爾雅》、《聘禮記》、《左傳註》，則皆十六斗為庾」。吳引見《周禮注疏・冬官考工記下》毛本當誤從六臣合注本，陳校當據《論語》、本書內證、尤本等正之。「斗」、隸書形近「升」，古文獻多見互淆耳。

百一詩一首　應休璉

題下注：張方賢《楚國先賢傳》曰：汝南應休璉作百篇詩，譏切時事。

【陳校】

注作「百篇」。「百」下，脫「一」字。

【疏證】

奎本以下諸六臣本、尤本悉有「一」字。謹案：《隋書・經籍志四》：「《百志詩》九卷」注：又有「應貞注應璩《百一詩》八卷。」《魏志・文帝紀》「其告郡國給槥櫝殯歛」裴注：「應璩《百一詩》曰：『槥車在道路』」云。又，但據善注曰「然方賢之意，以有百一篇，故曰《百一》」云云，已可斷「百」下當有「一」字也。至於「百一」之稱得體與否，另當別論。此毛本傳寫獨脫，陳校當據《隋書》、尤本等正之。

應璩　注：《文章志》曰……詩《序》曰：《下流》，應侯自侮也。

【陳校】

注「自侮也」。「侮」，作「悔」。

【集說】

余氏《音義》曰：「自侮」。六臣「侮」作「誨」。

【疏證】

奎本以下諸六臣合注本、尤本悉作「誨」。謹案：《詩經世本古義》卷十八之下《十月之交》：「亦孔之痗」注：「陸本作悔，又云一作侮。」是「侮」與「悔」通。考《說文・人部》：「侮，傷也。」自侮，即自傷，毛本亦得。「誨」，與「悔」亦通。何楷《古周易訂詁》卷十一「慢藏誨盜」注：「誨，虞翻本作悔」。宋・方崧卿《韓集舉正・誰氏子》：「願往教悔究終始」注：「悔音誨。蜀本作悔，今監本同。荆公謝本皆作誨。」皆其證。陳校不改亦得。

名高不宿著　注：《韓詩》曰：說之以名高。

【陳校】

注「《韓詩》」。「詩」，作「子」。

【集說】

余氏《音義》曰：「《韓詩》」。「詩」，何改「子」。

【疏證】

奎本以下諸六臣合注本、尤本悉作「子」。謹案：語見《韓非子・孤憤》。自當作「子」。唐・趙氏《長短經》「釣情」引亦作「韓子」。《史記・老莊申韓列傳》作「韓非」，《太平御覽》卷四百六十同。此毛本傳寫獨譌，陳校當據《韓非子》、尤本等正之。

田家無所有，酌醴焚枯魚　注：《漢書》：楊惲書曰：田家作若。蔡邕《與袁公書》曰：酌多醴，熾乾魚。

【陳校】

注「田家作若。」「若」，作「苦」。「酌多醴，熾乾魚。」「多」，作「麥」、「熾」，作「燔」。

【疏證】

奎本以下諸六臣合注本、尤本悉作「苦」、「麥」、「燔」。謹案：楊書，見《漢書·楊惲傳》字正作「苦」。蔡書，明·梅鼎祚《東漢文紀》卷十九錄《北堂書鈔》正作「麥」、「燔」。今本《北堂書鈔》一百四十八「酌醴游談」注作「清」、「𤑚」。作「清」亦得，「𤑚」，段注《說文》云：「今世經傳多作燔字。」三字，毛本皆因形近傳寫而譌，陳校當從尤本、贛本、《漢書》等正之。

三入承明廬　注：璩，初為侍郎，又為常為……陸機《洛陽記》曰：吾常怪謁帝承明廬，門張公，張公云……。

【陳校】

注「常為」。「為」，作「侍」。又「門張公」。「門」，作「（聞）〔問〕」。

【疏證】

奎本以下諸六臣合注本、尤本作「侍」、「問」。謹案：《魏志·應璩傳》「璩官至侍中」裴注引《文章敘錄》曰：「璩，字休璉……明帝世，歷官散騎常侍。齊王即位，稍遷侍中。大將軍長史……復為侍中，典著作。」「為」，固「侍」之譌。毛本蓋涉上下文誤。陳校當據《魏志》尤本等正之。關於「門」字。本書曹子建《贈白馬王彪》「謁帝承明廬」引，作「問」，《玉海》卷一百六十九「魏承明門」引同。據上下文，亦當作「問」。毛本蓋音、形二近而誤，陳校當從本書內證、上下文、尤本等正之。周鈔誤作「聞」，已正之。

所以占此土　注：言今所古之土，是謂仁智之所居乎也。

【陳校】

「以占」，作「占於」，五臣作「以占」。又注「所古」。「古」，作「占」。

【集說】

孫氏《考異》曰：何校改「所占於此土。」

梁氏《旁證》曰：六臣本校云：五臣作「所以占此土」。

姚氏《筆記》曰：何改「占於」，云：五臣作「以占」。

許氏《筆記》曰：「所以」，何改「所占於此土」，依六臣本。

【疏證】

五臣正德本及陳本、奎本、明州本同。贛本、建本作「占於」，校云：五

臣作「所以占此土」。尤本作「所占於此土」。奎本以下諸六臣合注本、尤本注悉作「所占」。謹案：尤氏《考異》曰：「五臣作『所以占此土。』合參今存之五臣正德本及陳本並贛本之校，可信善本作「占於」、五臣作「以占」。奎、明二本失著校語。毛本作「以占」，蓋以五臣亂善；注誤「古」，則獨因形近而譌，陳、何校並據尤本等正之。

筐篋無尺書　注：《說文》曰：筐篋，笥也。口頰切。

【陳校】

注「口頰切。」「口」上，脫「篋」字。

【集說】

胡氏《考異》曰：注：「筐篋，笥也。」案：「筐」字不當有。後任彥昇《哭范僕射》、謝惠連《擣衣》注引皆無，可證。各本皆衍。

梁氏《旁證》曰：今《說文》：「篋，藏也。」「匡，飯器，筥也。」重文作「筐」。

姚氏《筆記》曰：「口」上，何增「篋」。按：今本《說文》「筐」、「篋」二字，俱從「匚」，云：「或從竹」，無「笥也」解。

【疏證】

尤本同。奎本以下六臣合注本「口頰切」悉為正文「篋」字下音注，餘同。謹案：前胡言及任彥昇《（出郡傳舍）哭范僕射》，見「詠歌盈篋笥」注、謝惠連《擣衣》，見「盈篋自余手」注，並引《說文》曰：篋，笥也。」確無「筐」字。據此內證，則「篋」上「筐」字宜刪。「口頰切」三字係善注，陳、何校並是。蓋已非正文下音注，故可省去被注字，然今既易在善注中字，則例當添出所注之主名矣。

宋人遇周客　注：《闕子》曰：（主人）以發寶。革匱十重，貴一襲。

【陳校】

注「貴一襲。」「貴一」，作「巾十」。

【集說】

余氏《音義》曰：「十重」下，何增「緹」字。

梁氏《旁證》曰：注「革匱十重，巾十襲」。何校「巾」上增「緹」字。毛本「巾」作「貴」。

【疏證】

奎本以下諸六臣合注本、尤本悉作「巾十」。謹案：《藝文類聚》卷六、《太平御覽》卷五十一、《後漢書・應劭傳》「宋愚夫亦寶燕石緹緼十重」注引《闞子》；《古今事文類聚前集》卷十四引、《白孔六帖》卷五「燕石」注、《古今合璧事類備要前集》卷六「宋人寶石」注引《荀（卿）子》並作「緹巾十襲」，最是。毛本傳寫獨誤作「貴一」，並同上諸《文選》本「重」下脫「緹」字，然則，陳僅據尤本等作「巾十」，猶失一間耳。

遊仙詩一首　何敬（宗）〔祖〕

羨昔王子喬　注：《列仙傳》曰：王喬者，周靈王太子者也……見柏良曰：告我家七月七日，……立祠緱氏山下。……《呂氏春秋》曰：君子反以修德。

【陳校】

注「太子者也」。「者」，作「晉」。又「見柏良」。「柏」，作「桓」。「七月」。「七」，作「正」。「反以修德」。「反」下，脫「道」字。

【集說】

葉刻《文選》有葉氏附注云：考周靈王三十三年，穀洛鬥，太子晉諫壅川，是亦一賢王子也。《汲冢書》云：「王子晉謂師曠曰：吾後三年上賓於帝所。師曠歸未及三年，告死者至。」據此，則非仙去明矣。焦竑曰：「裴秀《冀州記》：緱氏仙人廟。昔王僑為柏人令，於此登仙，世遂以王僑為王子喬耳。」《後漢書・王喬傳》：「喬，河東人，顯宗時為葉令。」並載飛鳧事。蔡中郎《碑》云：「王子喬者，上世之真人也。」諸說不同。列仙中，何多王喬耶？

胡氏《考異》曰：注「《列仙傳》曰」下至「立祠緱氏山下」，此一百字，袁本無，茶陵本有。案：蓋善自作「王子喬，已見《遊天台山賦》」。袁脫去此一句耳。茶陵例複出，未可為據。

張氏《膠言》曰：《列仙傳》之王子喬者，周靈王太子名晉，非姓王也。《左傳》及《史記》不言太子晉字喬，然喬必晉字。劉向得於他書耳。《後漢

書》之王喬，姓王名喬也。二人絕不相蒙。王喬既云「河東人，顯宗時為葉令」，則其年代爵里灼然可考。而本傳「或云：此即古仙人王子喬」，其誣罔不待辨而明矣。王子喬既非王喬，而葉令之王喬亦非古仙人之王喬，蓋古仙人自有王喬，已無可考證。後人以名字偶同，既牽合於周太子，復淆混於漢葉令，並飛鳧之說，又從而附會之。李注引《列仙傳》直以「王喬」為「子晉」，亦承一時之謬說，非列仙中偏多王喬也。「喬」，又作「僑」。《前漢・王褒傳》「呼吸如僑松」師古注「僑，王僑；松，赤松，皆仙人。」《聖主得賢臣頌》仍作「喬」。

　　朱氏《集釋》曰：余謂：高誘注《淮南》云：「王喬，蜀武陽人也。為柏人令，得道而仙」，則段玉裁與焦竑所稱一也。但《古詩十九首》「仙人王子喬」，已不單言王喬，蓋自漢以來遞相傳習，無所區別耳。若《後漢書・王喬傳》為葉令，有飛鳧舃事，乃在顯宗時，更不得相混矣。神仙之事本茫昧，復何能定其時代乎？見《西都賦》「庶松喬之輩類」條。

【疏證】

　　奎本、贛本、建本複出《列仙傳》，作「晉」、「桓」，誤「七」；引《呂氏春秋》脫「道」字。明州本同袁本無一百字；脫「道」字。尤本有「道」字外，餘同贛本。謹案：前胡說是，當作「王子喬，已見《遊天台山賦》。」毛本宗祖尤本，「桓」字誤「柏」，蓋由尤本諱宋「桓」字缺末筆，傳寫之譌，毛本未察耳。尤本補「道」字，蓋據《呂氏春秋・季夏紀》。謹又案：本書《遊天台山賦》「王喬控鶴以沖天。」張氏《膠言》能正善注之失，解葉氏之惑，此處確勝陳、胡尚斤斤於一名一姓之校多多矣。張說，實宗王觀國《學林・王喬》。

眩然心緜邈

【陳校】

　　「眩」，五臣作「眇」。

【集說】

　　胡氏《考異》曰：「眩」，當作「眇」。袁本、茶陵本作「眇」，云善作「眩」。今詳善注，非有明文。「眩」字於義無取，當是傳寫之譌耳。各本所見皆非。

　　梁氏《旁證》曰：六臣本「眩」作「眇」，是也。校云：善作「眩」。於義

無取，當是傳寫之誤。李注非有明文。

姚氏《筆記》曰：何云：五臣作「眇然」。

胡氏《箋證》曰：《旁證》曰云云。紹煐按：「眇」、「縣邈」，皆遠也，故「縣邈」亦作「眇縣」。《法言‧先知篇》「忽眇縣作昞」注：「眇縣，遠貌。」遠視謂之「眇」，亦謂之「縣邈」，故遠謂之「眇」，亦謂之「縣邈」。《漢書‧王褎傳》「眇然絕俗離世哉」顏注：「眇然，高遠之意。」本書《吳都賦》「島嶼縣邈」劉注：「縣邈，廣遠貌。」是也。「眇邈」疊韻，「縣邈」雙聲。

【疏證】

尤本同。奎本以下諸六臣合注本悉作「眇」，並有校云：善作「眩」字。五臣正德本、陳本正作「眇」。謹案：尤氏《考異》曰：「五臣眩作眇。」前胡《考異》「眩字於義無取」說，非是。眩，與玄通。《荀子‧正論篇》：「上周密，則下疑玄矣」楊倞注：「玄，謂幽深難知。或讀為眩，惑也。」眩，又同幻。《說文‧目部》「眩」，段注：「《漢書》借為幻字。」清‧莊履豐等《古音駢字續編‧十八嘯》「幻眇：□玅」：「《元帝紀》：窮極幻眇。」是善作「眩然」，即「玄然」、「幻然」，亦即五臣之「眇然」，並是幽深難知、眇（玄妙）然、幻妙之義，何得謂「於義無取」？眩眇，實是駢字，李善作「眩」，五臣取「眇」以求異李善，重演故技而已。本條六臣合注本校語，豈是無中生有？二胡皆為其瞞過，《旁證》無論矣。

遊仙詩七首　郭景純

（京華）山林隱遯棲　注：郭璞《山海經注》曰：山居為棲。又曰：遯者，退也。《周易》曰：龍德而隱，遯世無悶。

【陳校】

注「又曰：遯者，退也。」此六字當在下「遯世無悶」下。「郭璞《山海經注》曰：山居為棲」此十一字，又當在「退也」句下。

【集說】

胡氏《考異》曰：注「郭璞《山海經注》曰：山居為棲。又曰：遯者，退也。《周易》曰：龍德而隱，遯世無悶」云云。陳曰云云。案：所校是也，各本皆倒。蓋「《周易》曰」十一字，與「郭璞」云云十一字，互換其處耳。

梁氏《旁證》曰：陳校「又曰：遯者，退也」六字，當在「遯世無悶」下。「郭璞」至「為棲」十一字又當在「退也」句下。

【疏證】

奎本以下諸六臣合注本、尤本倒同。謹案：毛本當誤從尤本等，陳校、前胡蓋按正文「隱」、「遯」、「棲」三字次序而正之。陳校嚴謹，由此可窺。

（青谿）蹇修時不存　注：王逸曰：古賢蹇修而媒理也。

【陳校】

注「而媒理也」。「而」，作「為」。

【集說】

余氏《音義》曰：「而媒」。「而」，何改「為」。

胡氏《考異》曰：注「而媒理也」。何校「而」改「為」。陳同。各本皆譌。

梁氏《旁證》同胡氏《考異》。

【疏證】

奎本以下諸六臣合注本、尤本悉同。案：據《楚辭章句》卷一《離騷》「吾令蹇修以為理」王逸注：「使古賢蹇修而為媒理也」云云，《補注》卷一、本書《離騷經》注同。據此，則當「古」字上增「使」字、「而」下增「為」字始安。毛本當誤從尤本等，陳、何校尚失一間。

（翡翠）放情陵霄外　注：《楚辭》曰：放迹志乎雲中。

【陳校】

注「放迹」。「迹」，作「遊」。

【集說】

余氏《音義》曰：「放迹」。「迹」，何改「遊」字。

【疏證】

奎本以下諸六臣合注本、尤本作「遊」。謹案：語見《楚辭章句·九辯》，字正作「遊」。此毛本獨因二字形近而譌。陳、何當據《楚辭》、尤本等正之。

（六龍）六龍安可頓　注：王逸曰：絏我車轡於扶桑以留日。

【陳校】

　　注「絏我車轡」。絏」，作「結」。

【疏證】

　　奎本以下諸六臣合注本、尤本悉作「結」。謹案：語見《楚辭章句・離騷經》王逸注，字正作「結」。本書《離騷經》注、沈休文《齊故安陸昭王碑文》「六龍頓轡」注引並同。此獨毛本形近而譌，陳校當據《楚辭》、本書內證、尤本等正之。

愧無魯陽德　注：《淮南子》曰：魯陽公與韓遘難，戰酣，方暮……日為之反三舍。

【陳校】

　　注「戰酣，方暮」。「方」，作「日」。

【集說】

　　胡氏《考異》曰：注「《淮南子》曰」下至「日為之反三舍」，此二十六字，袁本、茶陵本作「魯陽麾日，見《淮南子》」八字。

【疏證】

　　奎本、尤本作「日」。明州本、贛本、建本同袁、茶二本。謹案：事見《淮南子・覽冥訓》，字正作「日」，《藝文類聚》卷一引同。《論衡・感虛篇》亦作「日」，《太平御覽》卷四引同。本書左太沖《吳都賦》「魯陽揮戈而高麾」注、陸士衡《弔魏武帝文》「夫以迴天倒日之力」注引並作「日」。奎、尤二本是也。明州本或裴宅本始妄省作「魯陽」八字，後之六臣合注本踵之而不察其非。前胡未見奎本等，不能正。毛本因形近而譌，陳校當據《淮南子》、本書內證、尤本等正之。

撫心獨悲吒　注：《儀禮》曰：婦人捬心不哭。《楚辭》曰：……吒，歎聲也。

【陳校】

　　注「捬心」。「捬」，作「拊」。又「吒，歎聲」。「吒」，作「咤」。

【集說】

余氏《音義》曰：「推心」。「推」，何改「拊」字。

【疏證】

奎本以下諸六臣合注本、尤本悉作「拊」、「吒」。謹案：《儀禮》，見《士喪禮》篇，字正作「拊」；《楚辭》，見《九思．疾世》，字正作「吒」。毛本皆以形近而譌，陳、何當從《儀禮》、《楚辭》、尤本等正之。

（逸翮）悲來惻丹心　注：《周易》曰：謂我心側。諸葛亮《與李平教》曰：……明吾丹心。

【陳校】

注「謂我心側。」「謂」，作「為」、「側」，作「惻」。又「與李平」下，當有「子豐」二字。「明吾丹心。」《蜀志》、《通鑒》並作「用心」，當從此注作「丹」為佳，猶陳思王《求通親親表》中所云「丹情」也。「用」字，因相似致誤耳。

【集說】

胡氏《考異》曰：注「與李平教曰」。陳云：「平下，當有『子豐』二字。據《蜀志注》、《通鑒》校。」是也，各本皆脫。

梁氏《旁證》曰：陳曰：「據《蜀志注》及《通鑒》，平下當有『子豐』二字。」是也，各本皆脫。

【疏證】

奎本以下諸六臣合注本、尤本悉作「謂」、「惻」、脫「子豐」、作「丹心」。謹案：《周易》語見《下經．九三井渫不食》，字正作「為」，「惻」。「《與李平子豐教》」，見《蜀志．李嚴傳》裴注。《通鑒》，見《魏紀．烈祖明皇帝中之上》，凡此皆陳校所據，以正毛本。以史校《選》，偶見以《選》校史，陳技同乎乃師。

（雜縣）神仙棑雲出　注：《漢書》：齊威宣燕昭使人入海，求蓬萊、方丈、瀛州此三神山者。

【陳校】

「棑」，作「排」。又注「瀛洲」。「州」，作「洲」。

【集說】

顧按：「州」，即「洲」字。

【疏證】

諸《文選》本悉作「排」。「州」，奎本、明州本、贛本、尤本同，惟建本作「洲」。謹案：《漢書》見《郊祀志上》，字正作「洲」。《史記正義‧封禪書》作「州」。顧說，是。《說文‧川部》曰：「州，《詩》曰：在河之州。」段注：「州，為洲初文。」是其證也。顧氏小學修養勝出陳氏，在在可見。魏晉以降，「木」旁與「扌」旁，俗寫多見不分，毛本從「木」，當出誤本，作「州」，當從尤本等。陳校亦得失參半。

陵陽挹丹溜，容成揮玉杯　注：《列仙傳》曰：陵陽子明者……採五石脂服之，二年，龍來迎去……《列仙傳》曰：容成公者，……能善捕導之事。

【陳校】

「二（十）年」作「三年」。又「捕導」。「捕」，作「補」。

【集說】

余氏《音義》曰：「捕導」。「捕」，何改「補」字。

【疏證】

奎本以下諸六臣合注本、尤本悉作「三」、「補」。謹案：陵陽子明，見《列仙傳》卷下，字正作「三」。容成公，見同書卷上，字正作「補」，本書劉孝標《辯命論》「容彭之與殤子」注引同。毛本獨傳寫以形近致誤。陳、何蓋據《列仙傳》、本書內證、尤本等校改。

姮娥揚妙音　注：《淮南子》曰：羿請不死之藥於西王母，嫦娥竊而奔月。許慎曰：嫦娥羿妻也。

【陳校】

「姮」，作「恒」。

【集說】

胡氏《考異》曰：「姮娥揚妙音。」陳云：「姮，當作恒。」謹案：善注引《淮南子》「常娥」為注，其下不云「常娥之即恒娥」，似善自為「常」字。袁

本、茶陵本所載五臣良注云「恒娥」，是五臣乃為「姮」字，而各本亂之也。陳改「恒」，未是。

梁氏《旁證》曰：陳曰：「姮，當作恒。」胡公《考異》曰「善注引《淮南子》」云云。

徐氏《規李》曰：恆自注：作恒，非。娥揚妙音。自注：「恆娥」，即「常娥」。漢諱「恆」故改「恆」為「常」。「田恆」、「田常」，「恆山」、「常山」，亦此例。「姮」、「嫦」皆俗字。

胡氏《箋證》曰：今《淮南子·冥覽訓》「恒娥」。楊氏慎曰：「月中嫦娥，其說始于《淮南》及張衡《靈憲》。其實因常儀占月而誤也。古者，常儀占月。常儀，官名，見《呂氏春秋》。後譌為嫦娥，以儀、娥音同耳。」紹煐按：因「常」復為「恒」，以訓詁字代之，遂形轉而為「姮」。

許氏《筆記》曰：「姮」，何改「恒」。案：「常儀占月之官」，見《呂氏春秋》。古者讀「儀」與「娥」同音，《淮南》遂有「常娥奔月」之說。或作「恒娥」者，自漢諱「恆」，改「恒」為「常」，如「恆山」曰「常山」、「田恒」曰「田常」之類。此後恒、常二字每多互用，故「常娥」轉為「恒娥」也。至恒、常二字又並從女旁，則俗字展轉傅會者也。嘉德案：「常娥」本於「常儀」，則字當作「常」，況李注引許氏明作「常娥」。作「姮」者譌也。古書多用「恒娥」字，何改「恒」亦合，惟與注不相應，以「常」為是。

黃氏《平點》曰：據注「姮」改「常」。

【疏證】

諸《文選》本正文悉同。奎本注作「嫦」。明州本、尤本、建本注作「常」。贛本注同正文。尤本蓋從明州本。謹案：嘉德言，總前人之說，復引注救陳、何之偏，最為穩妥。毛本以五臣亂善，陳、何校「恒」，亦有偏頗。後胡總結「常」、「恒」、「姮」三字之遞變，最簡潔扼要。明清以來，方以智、吳玉搢兩家，祖述三字關係較詳，迻錄如下備考：方氏《通雅·天文》云：「姮娥即嫦娥，或作常儀。儀、娥古同音。趙凡夫言：『為娙娥後改恒娥，避文諱改常娥，或作姮娥。』……方子謙曰：『古者，羲和占日，常儀占月，皆官名也。』《左傳》有『常儀靡』，即常儀氏之後。一作常羲。後世譌為常娥。此升菴因史繩祖《佔儔》緒論也。」吳氏《別雅》卷二「尚儀常娥也」云：「《淮南子·冥覽訓》：『譬若羿請不死之藥于西王母，恒娥竊之以奔月。』其字作『恒』。《後漢書·天文志》注：『張衡《靈憲》』作『姮娥』，其字從女，作姮。恒、姮皆常

也。古人因避諱而變。儀，有娥音而傅會者。又有『羿妻』之說，故遂作娥。今則確然以為女子矣。其可笑孰甚焉。」又，本條究屬何校抑或陳校，胡、許兩家說異，觀下《祭顏光祿文》「娥月寢耀」條，似當屬陳校。孫氏自注謂「恆作恒。非。」其實，二字同。《正字通・心部》：「恒，俗恆字」。

（晦朔）月盈已見魄　注：《尚書》曰：惟三日，哉生魄。

【陳校】

　　注「惟三日。」「日」，作「月」。

【疏證】

　　明州本、建本誤同。奎本、贛本、尤本作「月」。謹案：語見《尚書注疏・周書・康誥》，字正作「月」。傳曰：「周公攝政七年三月，始生魄。」《爾雅注疏・釋詁》「孔魄哉延」疏引《康誥》同。毛本當誤從建本等，陳校當據尤本、《尚書》等正之。

王孫列八珍

【陳校】

　　「珎」，作「珍」。

【疏證】

　　諸《文選》本悉作「珍」。謹案：《周禮・天官・膳夫》「凡王之饋食用六穀，膳用六牲，……珍用八物」鄭玄注：「珍，謂淳熬、淳母、炮豚、炮牂、擣珍、漬熬、肝膋也。」《玉海・漢少府屬官・太官令》「典掌王饗，統六清之飲，列八珍之饌，正百品之羞」云云。字固當作「珍」。毛本獨因形近而譌，陳校當從尤本等正之。

長揖當途人　注：《漢書》：武帝制曰：守文法以戴翼其世者甚眾。

【陳校】

　　注「守文」下，脫「之君，當塗之士，欲則先王之」共十一字。

【集說】

　　胡氏《考異》曰：注「守文法」，陳曰云云。是也，各本皆脫。

　　梁氏《旁證》同胡氏《考異》。

【疏證】

　　奎本以下諸六臣合注本、尤本脫同。謹案：語見《漢書·董仲舒傳》，正有「之君」以下十一字，本書阮嗣宗《詣蔣公》「以避當塗者之路」注引同。陳校蓋從《漢書》、本書內證等補正，是也。